깜짝 놀랄 동물의 몸속 대탐험

바바라 테일러 글
대학에서 환경과학을 공부하고, 영국 런던의 자연사박물관에서 전시 부문의 일을 했습니다.
어린이들을 위한 과학 및 자연사에 관한 책을 만들었으며 지금까지 100여 권이 넘는 책을 냈습니다.
그동안 지은 책으로 《동물 백과사전》, 《세계의 새》, 《공룡 챔피언》들이 있습니다.

마고 카르펜티에 그림
영국 스토크 뉴잉턴 지역에 거주하며 일러스트 작가로 활동하고 있습니다. 그림을 공부한 뒤로
꾸준히 다양한 작업 툴을 이용해 여러 작업을 시도하고 있습니다. 특히 어린이책에서는 작가의
거침없는 상상력으로 많은 독자로 하여금 호기심과 사랑을 받고 있습니다.

김민식 옮김
서울대학교 수리과학부에서 공부했습니다. 생태 환경 교육가이신 부모님 밑에서 자라 어릴 적부터
수많은 동식물과 어울리며 성장해 왔습니다. 자연과 거리가 멀어지는 아이들에게 보다 넓고 다채로운
세계를 보여주고자 어린이책 번역을 해 오고 있습니다. 지금까지 옮긴 책으로는 〈애니멀 클래식〉
시리즈 《개구리》, 《악어》들이 있습니다.

깜짝 놀랄 동물의 몸속 대탐험

2023년 01월 02일 초판 1쇄 발행
글 바바라 테일러 | **그림** 마고 카르펜티에 | **옮김** 김민식
편집인 이현은 | **편집** 최아라, 이호정 | **마케팅** 유병준, 김미성 | **디자인** 하남선 | **제작** 김진식, 김진현, 이난영 | **재무** 강상원, 이남구, 김규리 | **물류** 심재희

펴낸이 이길호 | **펴낸곳** 타임주니어
출판등록 제2020-000187호 | **주소** 서울시 강남구 봉은사로 442 75th Avenue 빌딩 7층
전화 02-590-9800 | 팩스 02-395-0251 | **전자우편** timebooks@t-ime.com
ISBN 979-11-92769-04-2 (77490)

타임주니어는 (주)타임교육C&P의 단행본 출판 브랜드입니다.
• 책값은 뒤표지에 있습니다. 잘못 만들어진 책은 구입하신 곳에서 바꾸어 드립니다.

INSIDE ANIMALS
Text © Quarto Publishing plc, 2021
Illustrations © MARGAUX CARPENTIER, 2021
First Published in 2021 by Wide Eyed Editions, an imprint of The Quarto Group.
All rights reserved.
Korean translation rights © 2023 Time Education C&P
Korean translation rights are arranged with The Quarto Group through LENA Agency, Seoul

이 책의 한국어판 저작권은 레나 에이전시를 통한 저작권자와의 독점계약으로 (주)타임교육C&P가 소유합니다.
신저작권법에 의하여 한국 내에서 보호를 받는 저작물이므로 무단전재 및 복제를 금합니다.

┌─ 어린이제품 안전특별법에 의한 기타표시사항 ─
제품명 양장 도서 | **제조자명** (주)타임교육C&P | **제조국명** 대한민국 | **제조년월** 2023년 01월 | **사용연령** 4세 이상

INSIDE ANIMALS

깜짝 놀랄 동물의 몸속 대탐험

바바라 테일러 글 마고 카르펜티에 그림 김민식 옮김

타임주니어

차례

6	뱀의 몸속은 어떻게 생겼을까?
8	낙타의 몸속은 어떻게 생겼을까?
10	상어의 몸속은 어떻게 생겼을까?
12	**근육과 움직임**
14	문어의 몸속은 어떻게 생겼을까?
16	소의 몸속은 어떻게 생겼을까?
18	타조의 몸속은 어떻게 생겼을까?
20	**골격**
22	펭귄의 몸속은 어떻게 생겼을까?
24	고릴라의 몸속은 어떻게 생겼을까?
26	앵무새의 몸속은 어떻게 생겼을까?
28	**폐와 호흡**
30	악어의 몸속은 어떻게 생겼을까?
32	박쥐의 몸속은 어떻게 생겼을까?
34	고래의 몸속은 어떻게 생겼을까?
36	**뇌와 감각**
38	해파리의 몸속은 어떻게 생겼을까?
40	코끼리의 몸속은 어떻게 생겼을까?
42	꿀벌의 몸속은 어떻게 생겼을까?
44	**심장과 혈액**
46	바다거북의 몸속은 어떻게 생겼을까?
48	개구리의 몸속은 어떻게 생겼을까?
50	기린의 몸속은 어떻게 생겼을까?
52	놀라운 **기관**
54	올빼미의 몸속은 어떻게 생겼을까?
56	거미의 몸속은 어떻게 생겼을까?
58	전갈의 몸속은 어떻게 생겼을까?
60	용어 사전
62	찾아보기

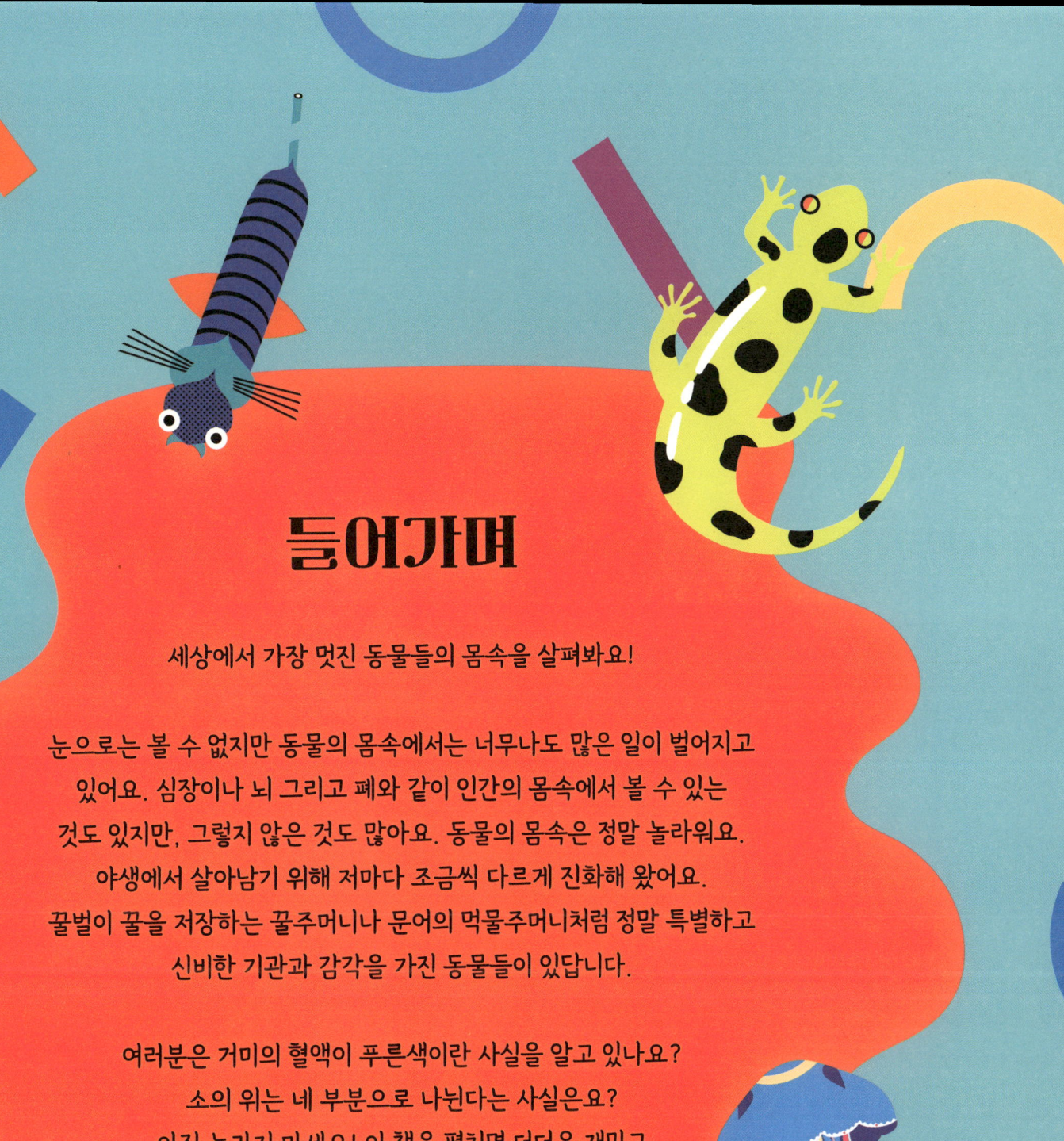

들어가며

세상에서 가장 멋진 동물들의 몸속을 살펴봐요!

눈으로는 볼 수 없지만 동물의 몸속에서는 너무나도 많은 일이 벌어지고 있어요. 심장이나 뇌 그리고 폐와 같이 인간의 몸속에서 볼 수 있는 것도 있지만, 그렇지 않은 것도 많아요. 동물의 몸속은 정말 놀라워요. 야생에서 살아남기 위해 저마다 조금씩 다르게 진화해 왔어요. 꿀벌이 꿀을 저장하는 꿀주머니나 문어의 먹물주머니처럼 정말 특별하고 신비한 기관과 감각을 가진 동물들이 있답니다.

여러분은 거미의 혈액이 푸른색이란 사실을 알고 있나요?
소의 위는 네 부분으로 나뉜다는 사실은요?
아직 놀라지 마세요! 이 책을 펼치면 더더욱 재밌고
신비한 이야기들을 각 장마다 발견하게 될 테니까요.
이 책을 다 읽고 난 뒤 어떤 생각이 번뜩 떠올랐는지
찬찬히 생각하는 시간도 가져 보아요.

방울뱀

근육
뱀의 근육은 정말 강력해요.
뱀의 장기를 보호하지요. 그리고
뱀이 움직일 때나 먹잇감을
소화할 때도 이 근육이 필요해요.

방울
방울뱀은 꼬리 끝의 방울을 흔들며 경고를
해요. 천적이 가까이 오지 못하도록요!
동글동글 생긴 방울은 방울뱀이 허물벗기를
할 때마다 꼬리 끝 한 마디가 빈 공간으로
남으면서 생기는 거예요.

속귀(내이)
드러난 귀는 없지만 뱀도
소리를 들을 수 있어요.
뱀의 머리에는 주위 소리를
들을 수 있게 해 주는
특별한 뼈가 있어요.

창자

콩팥

뱀의 몸속은 어떻게 생겼을까?

뱀은 땅 위를 스르르 미끄러지듯 다녀요. 뱀의 피부는
단단한 비늘로 덮여 있어요. 갑옷처럼 몸을 보호해요.
뱀은 1년에도 여러 번 허물을 벗어요.

혀
뱀의 혀끝은 두 갈래로 갈라져 있어요.
뱀은 혀를 이용해서 냄새를 맡아요.
혀를 날름거리며 공기 중에 있는 냄새를
모아 어떤 냄새인지 구별해요.

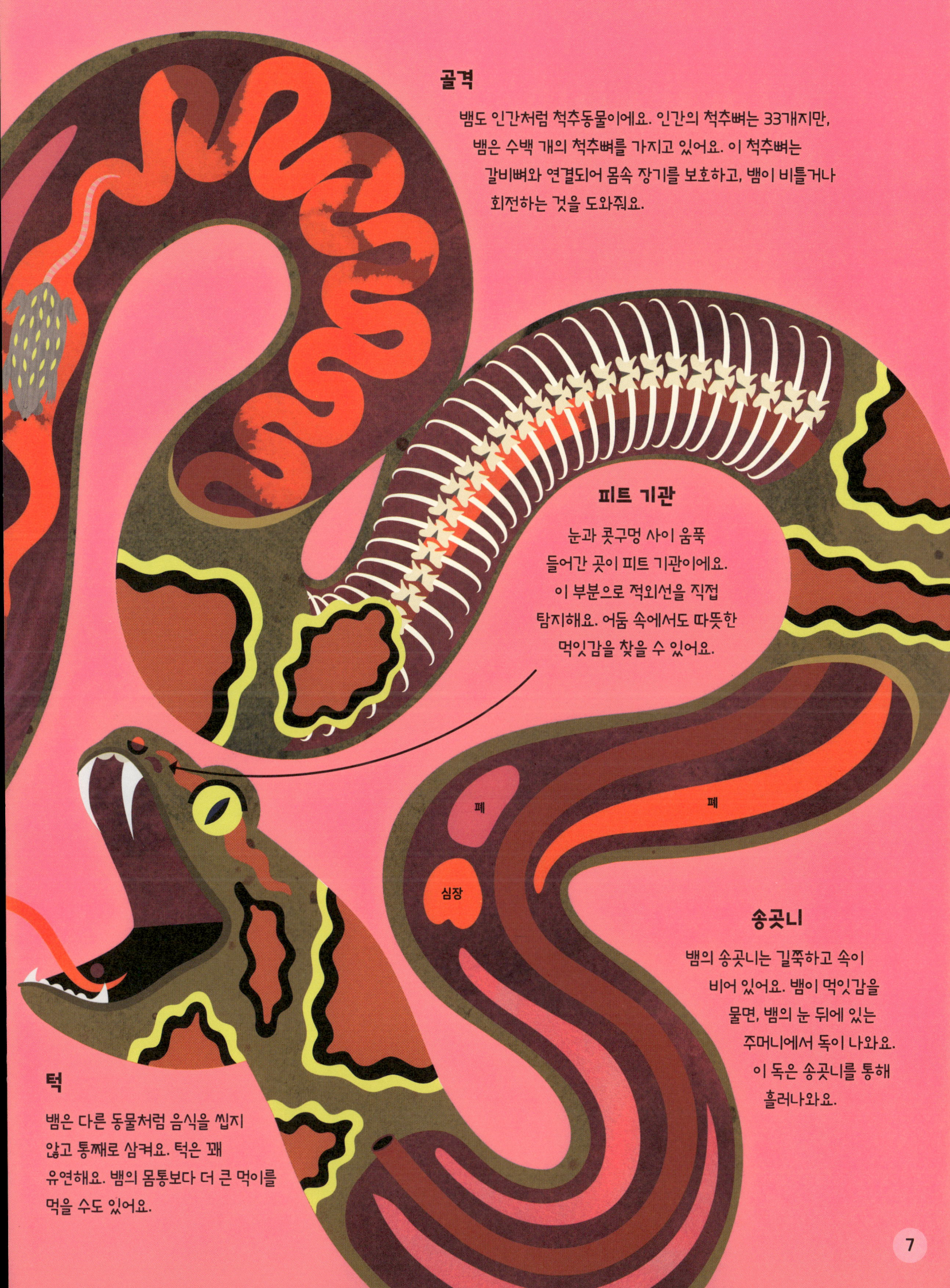

골격

뱀도 인간처럼 척추동물이에요. 인간의 척추뼈는 33개지만, 뱀은 수백 개의 척추뼈를 가지고 있어요. 이 척추뼈는 갈비뼈와 연결되어 몸속 장기를 보호하고, 뱀이 비틀거나 회전하는 것을 도와줘요.

피트 기관

눈과 콧구멍 사이 움푹 들어간 곳이 피트 기관이에요. 이 부분으로 적외선을 직접 탐지해요. 어둠 속에서도 따뜻한 먹잇감을 찾을 수 있어요.

송곳니

뱀의 송곳니는 길쭉하고 속이 비어 있어요. 뱀이 먹잇감을 물면, 뱀의 눈 뒤에 있는 주머니에서 독이 나와요. 이 독은 송곳니를 통해 흘러나와요.

턱

뱀은 다른 동물처럼 음식을 씹지 않고 통째로 삼켜요. 턱은 꽤 유연해요. 뱀의 몸통보다 더 큰 먹이를 먹을 수도 있어요.

낙타의 몸속은 어떻게 생겼을까?

인간은 수천 년간 낙타를 이동 수단으로 삼았어요. 낙타는 등 위에 솟은 혹이 한 개인 단봉낙타와 혹이 두 개인 쌍봉낙타 두 종류로 나뉘어요. 낙타는 음식을 먹지 않고도 몇 달 동안 버틸 수 있어요. 수백 킬로그램이 나가는 짐을 싣고 뜨거운 사막을 이동하지요.

혹

낙타의 혹은 지방을 저장해요. 먹이를 먹을 수 없을 때 이 지방을 분해해 영양분으로 사용해요.

작은창자

큰창자

위

낙타 위는 세 부분으로 나뉘어요. 낙타는 음식을 다시 되새김질을 하며 소화해요.

발

낙타의 발은 마치 커다란 발가락이 두 개 달린 것처럼 보여요. 발가락은 굉장히 넓고 바닥에는 쿠션 역할을 하는 작은 패드가 있어요. 이 패드는 낙타가 부드러운 사막 모래에서도 빠지거나 미끄러지지 않고 걸을 수 있게 도와줘요.

상어의 몸속은 어떻게 생겼을까?

지구에는 500종이 넘는 상어가 있어요. 얕거나 깊은 바다, 따뜻하거나 차가운 바다, 깨끗하거나 탁한 바다 어디에서나 살아요. 강이나 호수에도 있고요. 상어의 피부는 작은 이빨이 나 있는 것 같은 까슬까슬한 비늘로 덮여 있어요. 이 비늘 덕분에 상어는 굉장히 빠르게 헤엄칠 수 있어요.

근육

상어의 근육은 두 개의 층으로 바깥쪽은 빨간색, 안쪽은 흰색이에요. 빨간 근육은 상어가 지치지 않고 오랫동안 수영을 하도록 도와줘요. 그리고 흰 근육은 민첩하게 움직일 수 있게 해 줘요.

창자

나선형으로 생긴 창자로 인해 음식을 오랫동안 소화해요. 덕분에 많은 영양분을 흡수할 수 있어요.

간

상어의 간은 정말 크고 기름져요. 기름은 물보다 밀도가 낮아 상어가 물속에서 떠오르는 데 도움을 줘요.

이빨

상어의 입 속엔 날카롭고 뾰족한 이빨이 줄지어 나 있어요. 인간처럼 상어의 이빨도 시간이 지나면 빠져요. 하지만 상어는 평생 새로운 이빨이 자라나요.

감각 기관

상어는 냄새를 정말 잘 맡아요. 또 상어의 얼굴에는 먹잇감이 발산하는 약한 전류를 감지하는 기관이 있어요. 이런 감각 기관 덕분에 어두운 바다에서도 먹잇감을 쉽게 찾을 수 있어요.

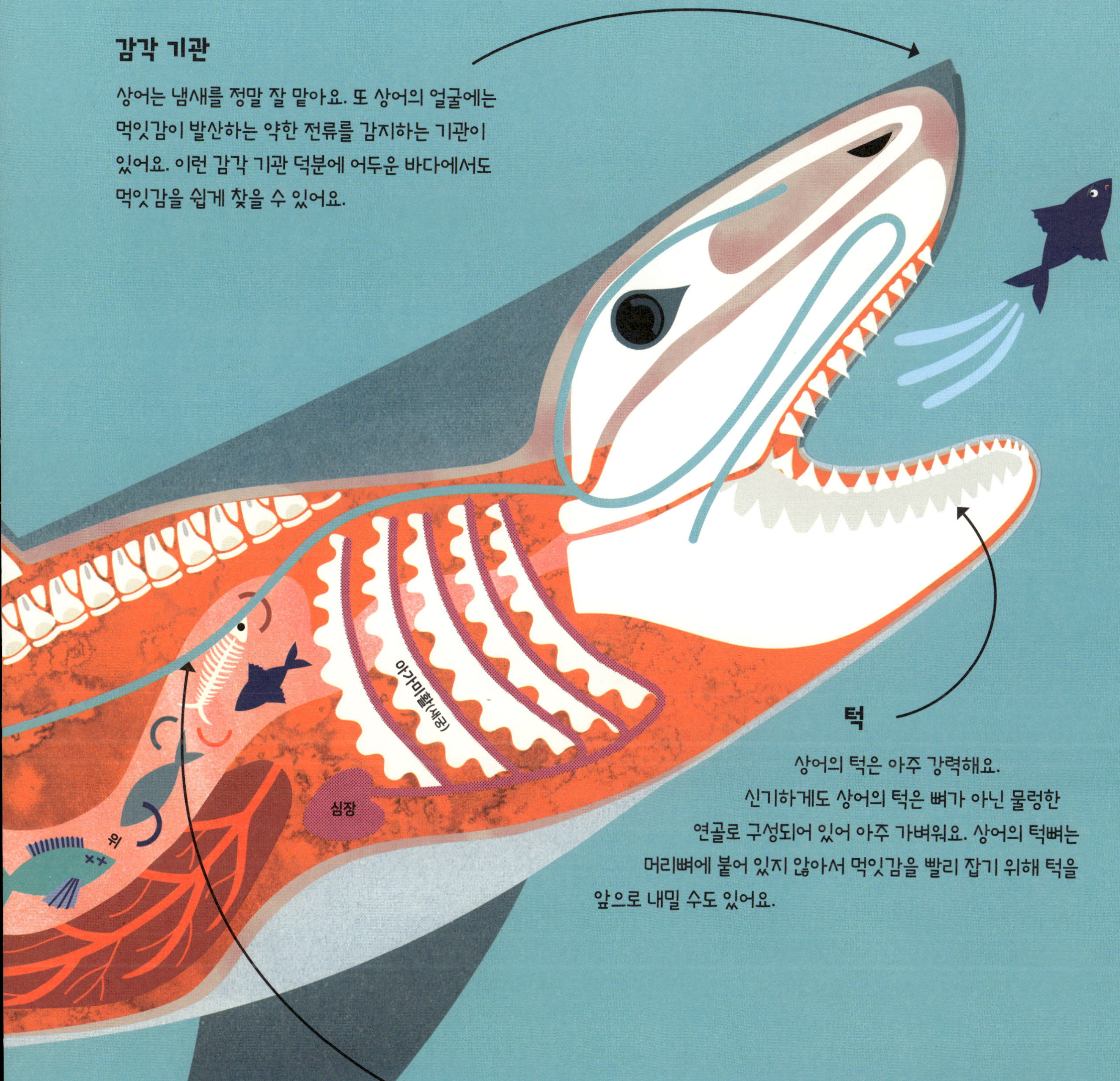

아가미활(새궁)

심장

위

턱

상어의 턱은 아주 강력해요. 신기하게도 상어의 턱은 뼈가 아닌 물렁한 연골로 구성되어 있어 아주 가벼워요. 상어의 턱뼈는 머리뼈에 붙어 있지 않아서 먹잇감을 빨리 잡기 위해 턱을 앞으로 내밀 수도 있어요.

옆줄

옆줄은 상어의 머리부터 꼬리까지 옆구리를 따라 이어져 있는 줄이에요. 물의 흐름을 감지해요. 덕분에 물속에서 일어나는 작은 변화도 느낄 수 있게 해 줘요.

백상아리

근육과 움직임

동물은 먹이와 물, 서식지를 찾거나 위험을 피하기 위해서 움직여요. 근육은 동물이 움직일 수 있도록 도와줘요. 외골격을 가진 동물은 뼈 안쪽에 근육이 있어요. 내골격을 가진 동물은 뼈 바깥에 근육이 있지요. 움직이는 방식은 비슷해요.

❶ 재빠른 치타
치타는 강력한 다리와 척추 근육 덕분에 단 세 발짝 만에 시속 64킬로미터가량의 속도를 낼 수 있어요. 그러나 근육이 너무 뜨거워지기 때문에 20초 안에 달리기를 멈춰야 해요.

❷ 가장 빠른 물고기
바다에서 가장 빠른 물고기는 돛새치와 청새치예요. 물속을 빠르게 헤엄칠 수 있도록 뾰족한 위턱과 유선형의 몸을 가졌어요. 강력한 근육을 사용해서 시속 100킬로미터로 움직일 수 있어요.

❸ 가장 강한 날개
독수리는 강력한 가슴 근육을 이용해 거대한 날개를 위아래로 흔들어요. 이 근육은 가슴뼈의 크고 평평한 부분에 연결되어 있어요. 독수리는 세계에서 가장 강한 새랍니다.

❹ 배발
달팽이는 배 부분의 커다랗고 끈적이는 근육을 이용해 이동해요. 그래서 배발이라고 부르죠. 배발이 물결치듯 짧아졌다 길어졌다를 반복하며 움직여요. 끈적이는 점액은 달팽이가 거친 표면도 쉽게 미끄러지며 이동할 수 있게 도와줘요.

❺ 근육은 어떻게 움직일까?
신경을 통해 전기 신호가 전달되면 근육이 짧아지면서 연결된 부분을 끌어당겨요. 근육이 이완되어 다시 길어지면 몸은 원래 위치로 돌아가요.

❻ 특별한 고리 모양
어떤 애벌레는 기어가기 위해 몸을 고리 모양으로 말았다가 펼치면서 움직여요. 몸 가운데 부분에 다리가 없기 때문이에요.

❼ 높이뛰기 선수
벼룩은 다리 안쪽 근육에 에너지를 저장해요. 근육이 힘을 받아 수축되었다 순식간에 펼쳐지면 공중으로 뛰어올라요. 벼룩은 자신의 몸 크기에 비해서 가장 높게 뛸 수 있는 동물이랍니다!

❽ 관절
관절은 뼈와 뼈가 만나는 부분이에요. 관절 덕분에 팔다리를 구부리고 어깨를 돌릴 수 있어요.

❾ 제트 추진력
오징어와 문어는 몸 안의 근육질 주머니 속으로 물을 빨아들여요. 이 근육 주머니를 수축하면 '누두'라는 관을 통해 물이 빠르게 분출돼요. 그러면 문어나 오징어는 앞으로 빠르게 이동한답니다.

알고 있나요?
말 체중의 60퍼센트는 근육이에요.

달팽이는 점액 덕분에 날카로운 칼날 위도 다치지 않고 움직일 수 있어요.

벼룩만큼 높이 점프할 수 있다면 인간은 높다란 나무도 뛰어넘을 수 있을 거예요!

참문어

뇌
문어는 굉장히 똑똑해요! 도구를 사용할 수도 있고 복잡한 미로도 잘 빠져나가요. 큐브를 가지고 놀고, 퍼즐을 풀 수도 있어요! 지능이 높은 동물이에요.

외투막
외투막은 머리처럼 생겼지만 몸통으로 보기도 해요. 아가미, 심장, 위와 같은 중요 장기가 있어요.

심장
문어의 심장은 세 개예요. 두 개의 심장은 아가미로 혈액을 보내고 세 번째 심장은 몸통 전체로 혈액을 보내요. 세 번째 심장은 평소에는 열심히 뛰지만 문어가 헤엄칠 때는 잠시 멈춰요. 문어가 빨리 지치는 이유이지요. 그래서 문어는 보통 헤엄치는 것보다 바다 밑에서 기어 다니는 경우가 많아요.

간

콩팥

아가미

변신의 달인
문어는 주위 환경에 맞게 피부색을 바꿀 수 있는 특별한 피부를 가지고 있어요. 천적이 주위에 있으면 문어는 주변 환경과 비슷하게 위장해 몸을 숨겨요.

문어의 몸속은 어떻게 생겼을까?

문어는 다리가 여덟 개이고 전 세계 바다에서 살아요. 미끄덩하고 유연한 몸으로 작은 틈도 비집고 들어갈 수 있어요. 문어의 다리는 잘려도 다시 자라나요. 가장 큰 문어는 5미터까지 자라요. 자동차보다 큰 크기예요. 제일 작은 문어의 크기는 2.5센티미터 정도랍니다.

먹물

문어는 먹물주머니 안에 먹물을 저장해요. 그리고 깔때기처럼 생긴 '누두'로 먹물을 뿜어내요. 천적으로부터 도망칠 때 무기로 사용해요!

빨판

문어는 여덟 개의 다리에 붙어있는 수백 개의 작은 빨판을 이용해 먹이를 맛보고 냄새를 맡아요.

혈액

문어의 혈액은 파란색이에요. 구리가 많이 함유되어 있어서 파란색으로 보이는 거예요. 구리는 산소가 몸 전체로 전달되는 걸 도와줘요. 특히 찬물에서요!

뿔

소의 머리에는 뿔이 달려 있어요. 뿔은 방어에 필요하기도 하지만 무리에서 돋보이게 만드는 역할도 해요. 뿔의 안쪽은 뼈로 이루어져 있고, 바깥은 단단한 물질로 덮여 있어요. 뿔은 평생 동안 자라요.

혀

소 혀는 사포처럼 거칠어요. 풀이나 잎사귀를 붙잡아 당기기 좋아요.

심장

폐

위

소의 위는 네 부분으로 나뉘어 있어요. 소는 주로 풀을 먹어요. 섬유질 가득한 질긴 풀을 여러 번 되새김질해서 소화해요. 이때 위의 각 부분도 음식을 소화하기 위해 여러 일을 해요.

이빨

소는 앞니를 이용해 풀을 잘라요. 앞니는 아래턱에만 있고, 위턱에는 단단한 패드만 있어요. 위아래의 어금니로 풀을 잘게 씹어 삼켜요.

꼬리

꼬리로 성가신 파리를 쫓아내요.

젖소

소의 몸속은 어떻게 생겼을까?

젖소 한 마리는 하루에 25리터-40리터의 우유를 만들어요. 전 세계 젖소들이 1년 동안 만드는 우유량은 6억 톤 정도예요. 소가 트림을 하거나 방귀를 뀔 때마다 메테인이 공기 중으로 새어 나와요. 메테인은 지구 온난화를 일으키는 문제 중 하나랍니다.

우유

소의 젖에는 많은 양의 우유가 저장되어 있어요. 약 5분-8분 정도면 우유를 다 짤 수 있어요.

발굽

소의 발굽은 두 개로 나뉘어져 있어요. 단단한 물질로 되어 있지요. 두 개의 발가락을 제외한 나머지 발가락은 작아지거나 사라져서 지금의 모습이 되었다고 해요.

커다란 눈

타조의 눈은 당구공만 해요. 육지 동물 중 가장 눈이 커요. 심지어 뇌보다 눈이 더 크답니다. 타조는 시력이 좋아 멀리 떨어져 있는 천적도 감지해요.

모래주머니

다른 새와 마찬가지로 타조는 음식을 씹는 이빨이 없어요. 그래서 타조는 모래나 자갈을 삼켜 모래주머니에 저장해요. 모래주머니 안에서 음식과 모래가 섞이면서 음식물이 잘게 갈려요.

공기 주머니

위

호흡

타조는 빨리 달리기 위해 많은 양의 산소가 필요해요. 날아다니는 새와 마찬가지로 공기주머니가 있어 인간보다 훨씬 효율적으로 산소를 흡수할 수 있어요.

공기 주머니

공기 주머니

공기 주머니

공기 주머니

공기 주머니

두 발가락

새는 보통 발가락이 네 개지만, 타조는 두 개예요. 큰 발가락에는 단단한 발톱이 나 있어 타조의 무게를 지탱하는 역할을 해요. 발톱이 없는 작은 발가락은 균형을 잡는 역할을 하지요.

긴 다리

타조는 최대 1.5미터에 달하는 근육질 다리로 아주 빠르게 달려요. 강력한 다리는 때때로 무기가 되기도 해요. 타조는 날카로운 발톱과 무시무시한 발길질로 사자나 인간을 죽일 수도 있어요.

타조의 몸속은 어떻게 생겼을까?

타조는 세계에서 가장 큰 새예요. 다 자란 타조는 인간보다 키가 커요. 타조는 너무 무거워서 날 수 없지만 경주마보다 빨라요. 긴 다리 덕분에 한 걸음에 5미터씩 이동할 수 있어요. 타조의 작은 날개는 재빠르게 도망칠 때 균형을 잡는 역할을 해요.

깃털

다른 새들과 달리 타조의 깃털은 서로 연결되어 있지 않아요. 솜털이 풍성하게 자라난 타조의 깃털은 몸을 따뜻하게 해 줘요. 수컷은 날개를 뽐내며 암컷을 유혹하기도 해요.

장

타조의 장은 14미터로 인간의 장보다 두 배나 길어요. 음식물이 장을 지나가는 데 3일이나 걸려요. 긴 시간 동안 소화를 진행하면서 최대한 많은 영양소를 얻을 수 있어요.

알

타조는 세계에서 가장 큰 알을 낳아요. 타조의 알 한 알은 달걀 스물네 알의 무게와 비슷해요. 껍질이 너무 단단해서 성인이 밟아도 깨지지 않아요.

타조

골격

단단한 골격은 몸을 지탱하고, 움직이는 데 중요해요. 심장이나 폐처럼 부드러운 내부 장기를 보호하는 역할도 하지요. 대부분 동물은 몸의 안쪽 또는 바깥쪽 중 한 쪽에만 골격을 지녔어요. 그러나 어떤 동물은 안과 밖 모두 골격을 지녔지요. 골격은 뼈나 키틴(껍질을 이루는 중요한 구성 성분)같은 단단한 물질로 이루어져 있어요.

❶ 젤리 골격
어떤 동물은 단단한 골격이 없어요. 대신 질긴 막 안에 젤리와 같은 액체를 채워 넣어 뼈의 역할을 대신해요. 마치 물풍선처럼요. 해파리나 말미잘, 문어, 지렁이와 같은 동물들이 이런 구조를 만들지요. 이렇게 만들어진 구조는 아주 강하지는 않아서, 이 동물들은 작은 공간도 통과할 수 있어요.

❷ 외골격
많은 동물은 몸을 감싸는 외골격을 지녔어요. 달팽이와 게는 껍데기를, 불가사리는 딱딱한 가시를 가지고 있지요. 곤충과 거미는 단단한 갑옷을 몸에 두르고 있어요.

❸ 골격
인간의 뼈는 206개인데, 큰 뱀은 몸 안에 1800개나 되는 뼈가 있어요.

❹ 연골(물렁뼈)
상어, 홍어, 가오리를 비롯한 1000종 이상의 다양한 물고기는 뼈 대신 연골을 지녔어요. 연골 덕분에 몸과 골격이 더 가벼워 먹잇감을 잡거나 천적으로부터 도망칠 때 빨리 움직일 수 있어요.

❺ 두 개의 골격
안과 밖 모두 골격을 가진 동물도 있어요. 거북이는 몸 내부에도 골격이 있지만, 몸속 주요 장기를 보호하는 단단한 등껍질도 있어요. 하지만 움직임이 조금 둔해져요.

❻ 껍데기
조개나 달팽이의 단단한 껍데기는 탄산 칼슘이나 백색 석회로 만들어져요. 육지달팽이는 위험을 피하거나, 덥거나 추운 날씨에서 살아남기 위해서 껍데기 안쪽으로 몸을 숨겨요.

❼ 이빨과 턱
동물의 턱뼈에 있는 이빨과 턱은 음식을 자르거나 갈고, 먹잇감을 잡거나 방어하는 데 사용돼요. 비버의 이빨은 나무를 자를 정도로 아주 튼튼해요.

❽ 새의 뼈
대부분 새의 뼈는 속이 비어 있어요. 새의 몸속에는 여러 개의 공기주머니가 있어 하늘을 나는 데 필요한 산소를 충분히 공급받아요. 새는 무거운 턱뼈와 이빨 대신에 부리를 가지고 있어요. 부리는 뼈보다 가벼워서 새가 날기 더 편해요.

알고 있나요?
해마는 갈비뼈가 없어요. 하지만 전신이 단단한 골판으로 둘러싸여서 천적으로부터 몸을 보호하고 지탱할 수 있어요.

무시무시한 **회색곰**의 턱과 이빨은 볼링공을 으깰 정도로 강해요.

호주의 **대보초**는 수백만 마리의 산호초 골격으로 만들어졌어요.

검정과 흰색

검은색 등은 태양열을 흡수해 몸을 따뜻하게 해요. 흰색 배는 열을 반사하여 몸을 시원하게 해요. 바다에서는 흑백 색상이 보호색이 되어 천적이 펭귄을 찾기 어려워요.

깃털

펭귄은 다른 새보다 많은 깃털을 지녔어요. 작고 딱딱한 깃털은 촘촘하게 자라 찬바람에도 체온을 따뜻하게 해 줘요. 마치 이불처럼 깃털 속에 공기를 가둬 체온을 유지해요. 꼬리에서 분비하는 특수한 기름을 몸에 바르면 깃털이 방수가 돼요.

무거운 뼈

펭귄의 뼈는 단단하고 무거워서 물속에 잠수하기 딱 좋아요. 오리발처럼 생긴 발뼈는 넓고 평평해 헤엄칠 때 물을 쉽게 밀어낼 수 있어요.

창자

지방층

펭귄은 피부 아래 두꺼운 지방층이 있어요. 차가운 바다에서도 몸을 따뜻하게 유지할 수 있지요. 지방층은 펭귄이 다른 동물과 부딪혔을 때 충격을 줄여 줘요.

펭귄의 몸속은 어떻게 생겼을까?

펭귄의 몸은 유선형이라서 물속에서 빠르게 헤엄칠 수 있어요. 올림픽 수영 선수보다도 훨씬 빠르지요. 펭귄은 삶의 대부분을 바다에서 보내요. 수백만 년 전에는 성인만 한 거대한 펭귄이 있었지만, 현재 지구에서 가장 큰 펭귄인 황제펭귄의 크기는 어린아이 정도랍니다.

눈

펭귄도 다른 새들과 마찬가지로 세 번째 눈꺼풀이라 불리는 '순막'을 가지고 있어요. 순막은 눈 위를 덮어 눈을 보호해요. 덕분에 물속과 밖에서 모두 볼 수 있어요.

바위뛰기펭귄

소금 재채기

펭귄은 염분을 걸러내는 기관인 '염선'을 가지고 있어서 바닷물을 마셔도 괜찮아요. 펭귄이 머리를 흔들며 재채기를 하면 콧구멍으로 소금 부산물이 배출되기 때문이에요.

폐
심장
위
모이주머니

먹이 주기

혀와 입천장에 있는 가시 덕분에 물고기와 같이 미끄러운 먹잇감을 잡기 쉬워요. 부모 펭귄은 모이주머니에 먹이를 저장했다가 육지에 돌아오면 게워내 새끼에게 먹이를 내줘요.

머리 색과 볏

펭귄 머리의 색이나 무늬, 볏은 구애를 할 때나, 펭귄끼리 서로를 알아볼 때 사용돼요. 바위뛰기펭귄은 긴 눈썹처럼 보이는 볏을 지니고 있어요. 멋진 왕관처럼 보이기도 해요.

고릴라의 몸속은 어떻게 생겼을까?

고릴라는 굉장히 똑똑해요. 채식을 즐기지요. 고릴라의 몸은 인간과 굉장히 비슷해요. 손톱, 발톱은 물론 고유의 지문도 가지고 있어요. 털이 가득한 근육질의 몸은 인간보다 최대 여섯 배나 더 강하답니다.

털

털은 체온을 유지하는 데 필요해요. 산악고릴라는 추운 지역에 살기 때문에 두꺼운 털이 자라요. 다 자란 수컷 고릴라는 등에 은색 털이 있어 몸집이 더 커 보여요. 멋진 은색 털을 자랑하는 우두머리 수컷 고릴라를 '실버백'이라고 불러요.

큰 배

고릴라의 배는 가슴보다 더 커요. 고릴라가 먹은 많은 식물을 소화하기 위해 배 속에는 굉장히 긴 창자가 꼬불꼬불 꼬여 있어요. 고릴라는 음식을 먹는 데 많은 시간을 보내요. 200종이 넘는 다양한 식물을 먹는답니다.

어깨뼈

폐

위

창자

손가락

고릴라의 손가락은 인간의 손가락보다 훨씬 두꺼워요. 바나나보다 더 굵지요. 그래도 커다란 손으로 상황에 따라 힘을 조절하며 움켜쥐어요.

뼈

고릴라의 뼈는 인간의 뼈보다 훨씬 단단해요. 하지만 무거운 뼈 때문에 수영을 하기가 굉장히 어려워요.

뇌

머리뼈 속에는 지능이 높은 뇌가 있어요. 고릴라의 뇌는 인간 뇌의 3분의 1정도 크기예요. 고릴라는 간단한 손짓이나 수화로 상대방의 말을 알아들을 수도 있지만, 성대를 이용해 말을 할 수는 없어요.

몸단장

고릴라들은 종종 손가락으로 서로의 털을 정리해 줘요. 덕분에 털을 깨끗하게 유지할 수 있고, 사이도 돈독해 져요.

이빨

고릴라는 인간처럼 32개의 이빨이 나요. 처음에는 유치가 났다 성장하며 영구치가 나요. 강한 턱 근육과 큰 어금니를 이용해 질기고 단단한 식물을 잘근잘근 씹어 먹어요.

팔과 다리

고릴라의 팔은 다리보다 길어요. 인간처럼 직립 보행을 하지 않고, 네 발을 이용해 걸어 다녀요. 손가락을 구부린 채로 걷기 때문에 손가락 관절로 몸의 무게를 지탱해요.

산악고릴라

앵무새의 몸속은 어떻게 생겼을까?

손가락 크기의 난쟁이앵무새부터 몸집이 통통한 카카포까지 지구상에는 350종이 넘는 앵무새가 살아요. 금강앵무와 같은 대형 앵무새들은 35년-50년 혹은 그 이상을 살아요. 앵무새는 주변 소리를 잘 흉내 내요. 말하는 훈련도 가능하지요.

유연한 목

앵무새의 목은 정말 유연해요. 몸통이 고정된 상태에서 목만 돌려 뒤를 볼 수도 있어요. 인간보다 세 개나 많은 열 개의 목뼈를 지니고 있기 때문이에요. 덕분에 앵무새는 음식이나 천적을 더 쉽게 찾아낼 수 있어요.

깃털 다듬기

앵무새는 부리를 이용해 깃털에 왁스를 발라요. 청결은 물론 방수가 되도록 하려는 거예요. 왁스는 꼬리 부분에 있는 기름샘에서 만들어져요.

폐 심장
모이주머니 간
위

발가락

앵무새는 앞쪽을 향한 두 개의 발가락과 뒤쪽을 향하는 두 개의 발가락을 이용해 물체를 강하게 움켜쥘 수 있어요. 덕분에 물건을 잡거나 나무를 잘 오르내려요. 앵무새는 발을 이용해 부리로 먹잇감을 물고 오는 유일한 새예요.

큰 부리

앵무새의 날카롭고 구부러진 부리는 굉장히 단단해요. 딱딱한 견과류나 씨앗을 쉽게 부수고 나무 기둥을 파 둥지를 만들 수도 있어요. 그리고 앵무새의 튼튼한 혀로 과일이나 견과류 껍질에서 알맹이만 발라낼 수 있어요.

화려한 깃털

앵무새 깃털은 2천 개-3천 개 정도 나요. 앵무새는 음식에서 색소를 얻는 다른 새들과 달리 스스로 빨간색, 주황색, 노란색의 색소를 합성해 내요. 붉은색 색소는 깃털이 세균으로부터 손상되는 것을 예방해요.

호흡

앵무새는 공기주머니와 폐를 이용해 몸에서 공기가 계속 흐를 수 있도록 해요. 먹이에서 에너지를 얻기 위해서는 산소가 필요해요. 이 호흡 기관을 통해 산소를 공급하지요.

감각

앵무새는 시력이 좋아요. 인간이 보는 빛이나 인간이 볼 수 없는 자외선도 볼 수 있어요. 이 두 가지 빛으로 앵무새는 주변 앵무새를 인식해요. 덕분에 앵무새들이 무리 지어 함께 지낼 수 있어요.

금강앵무

폐와 호흡

모든 동물은 먹이에서 에너지를 얻기 위해 산소를 사용해요. 작은 동물은 피부 전체를 이용해 산소를 얻어요. 곤충은 숨구멍을 통해 공기를 내뱉고, 작은 공기관을 통해 몸에 산소를 전달해요. 상어나 코끼리처럼 큰 동물은 아가미나 폐와 같은 특별한 호흡 기관을 지니고 있어요. 덕분에 충분한 산소를 마시고 내뱉으며 호흡할 수 있어요.

❶ 폐

폐에 들어간 공기는 수천 개의 관을 타고 폐포로 향해요. 폐포 벽은 아주 얇아서 산소가 혈액으로 쉽게 옮겨갈 수 있어요. 혈액은 산소를 몸 구석구석 운반해요.

❷ 공기주머니

새는 폐와 연결된 여러 개의 큰 공기주머니를 가지고 있어요. 공기주머니는 새가 숨을 쉴 때 가능한 많은 산소를 마실 수 있게 해요. 덕분에 비행에 필요한 많은 에너지를 얻을 수 있어요.

❸ 아가미

물에 사는 대부분의 동물은 아가미로 호흡해요. 아가미는 여러 겹으로 되어 있어 물과의 접촉 면적을 넓혀 주지요. 아가미는 보통 붉은색이에요. 산소를 흡수하기 위해 혈액이 지나가기 때문이에요.

❹ 피부 호흡

지렁이처럼 피부로 호흡하는 일부 동물은 땅에서 살아요. 도롱뇽이나 장어는 물과 땅을 오가며 살지요. 이런 동물은 피부 호흡을 하기 위해 몸을 촉촉하게 유지해요.

❺ 물 밖에서 숨쉬기

말뚝망둥어는 땅에서 숨을 쉬기 위해 아가미에 물을 머금어요. 그래서 볼이 빵빵하지요. 말뚝망둥어는 피부를 이용해서도 호흡할 수 있어요.

❻ 곤충

곤충은 기관을 통해서 몸 전체에 산소를 운반해요. 기관은 곤충의 배 부분에 있는 기공이라는 구멍을 통해 공기를 흡입해요. 기공 주위의 근육은 기공을 열었다 닫았다 할 수 있어요.

❼ 스노클링

장구애비나 장구벌레(모기 유충) 같은 물벌레는 호흡관을 통해 수면의 공기를 빨아들여요. 마치 다이버가 스노클로 호흡하는 방법과 비슷해요.

❽ 폐어

폐어는 아가미와 폐로 호흡하는 유일한 물고기예요. 폐어가 사는 웅덩이가 마르면 폐어는 아가미 대신 폐로 숨을 쉬지요.

❾ 다이빙

인간은 물속에서 약 1분-2분 동안 숨을 참을 수 있어요. 믿기 어렵지만 물속에서 24분가량 숨을 참는 기록을 세운 다이버도 있어요. 15분 정도 숨을 참을 수 있는 비버보다도 좋은 기록이에요.

알고 있나요?

민부리고래는 포유류 중 가장 오래 잠수할 수 있어요. 물속에서 2시간이나 지낼 수 있어요.

장구애비의 호흡관은 몸 전체 길이보다 길어요!

남극빙어는 다른 물고기와 달리 비늘이 없어요. 대신 피부로 바로 산소를 얻어요.

악어의 몸속은 어떻게 생겼을까?

공룡의 가장 가까운 친척이 바로 악어예요! 강력한 턱에는 단단하고 날카로운 이빨이 촘촘히 나 있어요. 바다악어는 지구상 가장 큰 파충류예요. 대형 피아노 두 대를 합친 것보다 무거워요.

비늘 피부

악어의 몸은 갑옷과 비슷한 비늘로 덮여 있어요. 악어가 자라면서 골편(뼈피부)으로 부르는 비늘이 떨어지고, 더 큰 새 골편이 만들어져요.

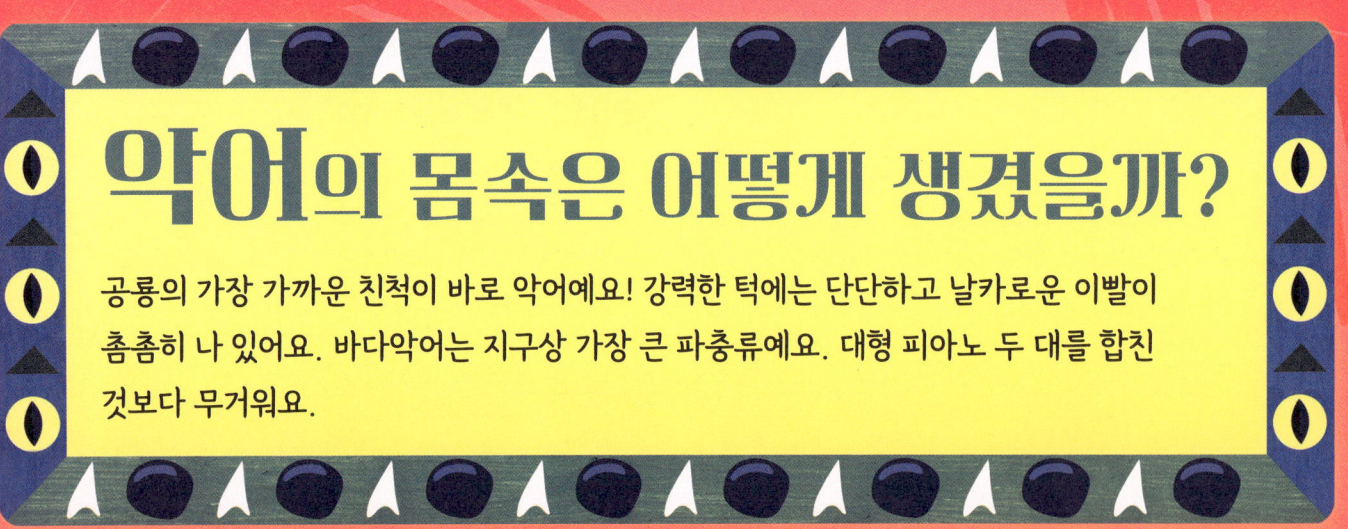

위

위석

악어는 돌이나 자갈을 삼켜요. 이 돌을 위석이라고 불러요. 위 속에서 통째로 삼킨 먹이와 섞이며 먹이를 잘게 부수는 역할을 해요.

영리한 악어

악어는 굉장히 영리한 파충류예요. 뇌의 기능 중 생각하는 능력은 다른 파충류보다 더 발달되어 있어요. 악어는 학습하거나 기억력이 좋아 생존하는 데 도움이 돼요.

눈

악어는 뛰어난 시력을 지녔어요. 밤에 먹잇감을 사냥할 때도 잘 볼 수 있어요. 밤에는 악어의 수직 동공이 크게 열려 가능한 많은 빛이 눈으로 들어올 수 있게 해요.

뇌

폐

심장

이빨

악어가 턱을 닫으면 날카로운 칼날 같은 이빨이 먹잇감의 살을 파고들어요. 가끔은 뼈를 부수기도 해요. 이빨은 빠지면 다시 자라나요. 평생요!

후두 덮개

악어 목 뒤쪽의 특별한 덮개는 물속에서 폐로 물이 들어가지 않도록 해요. 덕분에 악어는 물속에서 먹이를 먹을 수 있어요.

심장

악어의 심장은 인간과 마찬가지로 네 개의 방으로 나뉘어 있어요. 이런 심장은 혈액을 강력하게 뿜어낼 수 있기 때문에 악어가 물속에 잠수했을 때도 산소가 가득한 혈액을 뇌까지 전달할 수 있어요.

바다악어

후엽

몇몇 박쥐는 얼굴 앞부분에 후엽을 가지고 있어요. 박쥐들은 주머니처럼 생긴 돌기를 이용해 소리의 울림을 파악해요. 그래서 사물의 위치를 알 수 있어요. 관박쥐의 영어 이름 뜻은 큰편자박쥐예요. 후엽이 마치 말발굽을 보호하는 'U'자 모양의 쇳조각, 즉 '편자'처럼 생겨서 붙은 이름이에요.

귀와 울림

대부분의 박쥐는 어둠 속에서도 활동을 해요. 먹잇감도 잘 찾지요. 놀라운 음파 탐지 능력 덕분이랍니다. 박쥐는 입이나 코를 이용해 **초음파**를 내보내고, 초음파가 물체에 반사되어 귀로 돌아오기를 기다려요.

소화

박쥐는 음식을 굉장히 빠르게 소화해요. 먹이를 먹고 30분-60분 정도가 지나면 소화되지 않은 음식을 몸 밖으로 내보내기 위해 똥을 싸요. 날아다닐 때 무게를 가볍게 하기 위해서예요.

관박쥐

날개

박쥐의 날개는 앞다리가 진화되어 만들어졌어요. 유연한 날개 덕분에 모양을 쉽게 바꿀 수 있어요. 그래서 박쥐는 빠르게 방향을 바꿔가며 먹잇감을 잡을 수 있답니다.

달콤한 휴식

박쥐는 동굴 천장이나 나무에 거꾸로 매달려 쉬거나 잠을 자요. 강한 발톱 덕분에 오랫동안 매달릴 수 있지요. 이때 박쥐는 긴장을 풀고 에너지를 보충해요. 숨기에도 아주 좋지요.

박쥐의 몸속은 어떻게 생겼을까?

박쥐는 지구에서 유일하게 하늘을 나는 포유류예요. 호박벌만큼 작은 키티돼지코박쥐부터 날개를 펼쳤을 때 1.7미터나 되는 황금볏과일박쥐까지 다양해요. 박쥐는 무려 1300종에 이르러요. 박쥐 대부분은 밤에 활동하며 곤충을 잡아먹어요.

박쥐는 어지러울까?

박쥐는 거꾸로 매달려 있어도 어지럽지 않아요. 몸집이 작은 박쥐는 혈액량도 적어 중력으로 인해 머리로 혈액이 쏠리지 않아요. 혈관의 판막도 혈액이 머리로 쏠리는 걸 막아 줘요.

뼈

박쥐의 뼈는 가늘고 속이 비어 있어서 매우 가볍게 날아다닐 수 있어요. 반면 박쥐의 날개뼈는 단단해요. 비행 시 날개를 지탱해요.

창자

위

폐

겨울잠

추운 겨울에는 곤충이 부족하기 때문에 박쥐도 겨울잠을 자요. 동굴처럼 안전한 피난처에 들어가서 체온과 심박수와 호흡수를 낮추며 몸에 저장된 지방을 이용해 버텨요.

고래의 몸속은 어떻게 생겼을까?

고래는 지구에 사는 생물 중 몸집이 큰 포유류예요. 그중에서도 대왕고래는 30미터까지 자라고 몸무게는 180톤이 넘어요. 아프리카코끼리 40마리를 합친 무게예요.

폐
고래의 큰 몸이 움직이려면 많은 양의 산소가 필요해요. 대왕고래는 거대한 폐를 가지고 있어요. 대왕고래의 폐는 5000리터의 공기를 담을 수 있어요. 욕조 17개를 가득 채운 양과 비슷해요.

혀
고래는 커다란 입으로 바닷물을 가득 들이킨 뒤 혀를 사용하여 바닷물을 입 밖으로 밀어내요. 그러고는 입안에 남은 크릴새우를 먹어요.

눈
몸 크기에 비해 대왕고래의 눈은 그렇게 크지 않아요. 자몽 정도밖에 되지 않는 크기예요.

뇌
대왕고래의 뇌는 커다란 몸에 비해 작아요. 대왕고래의 뇌 무게는 인간의 뇌 다섯 개를 합친 무게와 비슷해요.

지방
바다는 굉장히 추워요. 고래의 피부 아래에는 두꺼운 지방층이 있어서 고래의 몸을 따뜻하게 유지해 줘요.

혈관
튼튼한 혈관은 고래의 몸 전체에 혈액을 운반해요. 어떤 혈관은 어린아이가 기어 다닐 수 있을 만큼 크답니다.

심장
대왕고래의 심장은 오토바이와 비슷한 크기예요. 심장 박동 소리는 3킬로미터 밖에서도 들릴 만큼 커요.

창자

위

대왕고래

뇌와 감각

동물은 시각, 청각, 후각, 촉각으로 몸이나 주위에서 일어나고 있는 일들을 감지해요. 수많은 감각은 신경을 통해 전기 신호를 뇌까지 보내요. 신호를 전달 받은 뇌는 동물의 행동을 통제해요.

무척추동물

불가사리나 해파리처럼 척추가 없는 동물의 신경계는 단순해요. 벌레나 곤충의 신경계는 신경 다발이 모인 '신경절'과 작은 뇌, 신경망으로 이루어져 있어요. 신경 세포가 발달한 문어나 오징어는 똑똑한 동물들이에요.

척추동물

척추동물은 신경계가 복잡해요. 신경계는 뇌와 척추 속의 신경 다발인 '척수', 그리고 척수에서 뻗어 나와 팔, 다리, 온몸으로 뻗어 나가는 신경 다발 등으로 구성되어 있어요. 자율신경계의 지배를 받는 일부 근육은 자동으로 움직여 통제가 어렵지만, 그 외의 부분은 뇌가 통제해요.

❶ 관제 센터
동물의 뇌는 신경계의 관제 센터예요. 뇌는 마치 컴퓨터처럼 정보를 받아 처리해요. 그리고 몸의 움직임을 제어하는 신호를 보내요.

❷ 겹눈
곤충이나 게와 같은 갑각류는 낱눈이 벌집 모양으로 여러 개 모인 겹눈을 지녔어요. 각각의 낱눈이 작은 부분으로 나눠 주변의 빛을 감지해요. 뇌에서는 낱눈이 감지한 장면을 결합해 완전한 그림을 만들어요.

❸ 청각
소리는 진동이 공기, 물 또는 고체를 통해 이동하며 만들어져요. 귀에서 소리의 진동을 느끼면 귀는 이 진동을 신경 신호로 바꿔 뇌로 전달해요.

❹ 더듬이
더듬이는 곤충의 머리 앞에 튀어나와 있는 실 모양의 기관이에요. 더듬이는 민감한 털로 덮여 있고 공기의 움직임, 소리의 진동이나 냄새를 감지할 수 있어요.

❺ 전기 감지
고무처럼 말랑말랑한 오리너구리의 부리는 먹잇감의 움직임이나 먹잇감의 신경에서 발생한 전기 신호를 감지할 수 있어요. 흙탕물 속에서도 먹잇감이 어디에 있는지 정확히 찾아내지요.

❻ 촉각
두더지처럼 밤에 활동하거나 땅속에 사는 동물은 촉각이 예민해요. 별코두더지는 이름처럼 코에 별 모양의 돌기가 나 있어요. 이 돌기는 동물 중 가장 민감한 촉각 기관 중 하나예요. 무려 10만 개의 신경이 있어요.

알고 있나요?

토끼의 혀에는 17000개의 미뢰가 있어요.

벌의 뇌는 인간 뇌의 100만분의 1 크기에 불과해요.

잠자리의 겹눈은 30000개의 낱눈이 모여 있어요.

개미의 겹눈은 400개보다 적은 낱눈이 모여 있어요.

해파리의 몸속은 어떻게 생겼을까?

지구에는 200종이 넘는 다양한 해파리가 있어요. 해파리의 몸은 대부분이 수분으로 이루어져 있어요. 해파리의 몸 구조는 매우 단순해요. 뼈나 뇌, 심장이 없고, 인간이 숨 쉬는 것처럼 숨을 쉬지도 않아요. 대신 얇은 피부를 이용해 산소를 흡수해요. 죽은 해파리도 독이 있어 만지면 따끔거릴 수 있어요.

해파리의 한살이

해파리의 알은 말미잘처럼 생긴 폴립으로 발달해요. 폴립은 돌처럼 딱딱한 표면에 정착하지요. 폴립에서는 어린 해파리가 태어나고, 어린 해파리는 바다를 떠다니며 어른 해파리로 자라요. 어른 해파리의 수명은 보통 3개월-6개월이에요.

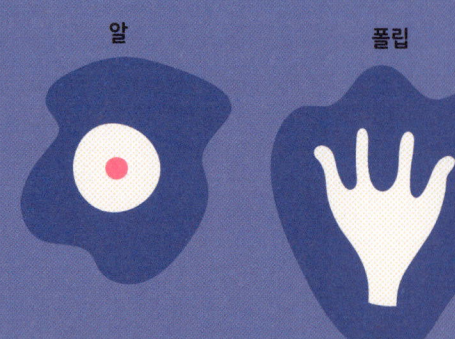

알 　 폴립

신경망

해파리는 뇌가 없어 단순한 신경망에 의존해요. 이 신경망은 빛이나 촉각, 냄새를 자동으로 감지하고 주변 환경에도 반응해요. 일부 해파리는 '안점'이라는 반점을 통해 빛을 감지하기도 해요.

움직임

대부분 해파리는 바람이나 물의 흐름을 따라 떠다니며 에너지를 절약해요. 때론 일정한 리듬으로 우산 모양의 몸통을 펴고 닫길 반복하며 천천히 헤엄쳐요. 물을 몸통 밖으로 밀어내면서 앞으로 나아가는 거예요.

독침

해파리의 독침은 촉수에 꼬인 실처럼 들어 있어요. 그러다 독침이 다트처럼 밖으로 튀어나와서 먹잇감에 독을 주입해요. 이렇게 독침으로 먹이를 기절시킨 뒤 잡아먹어요.

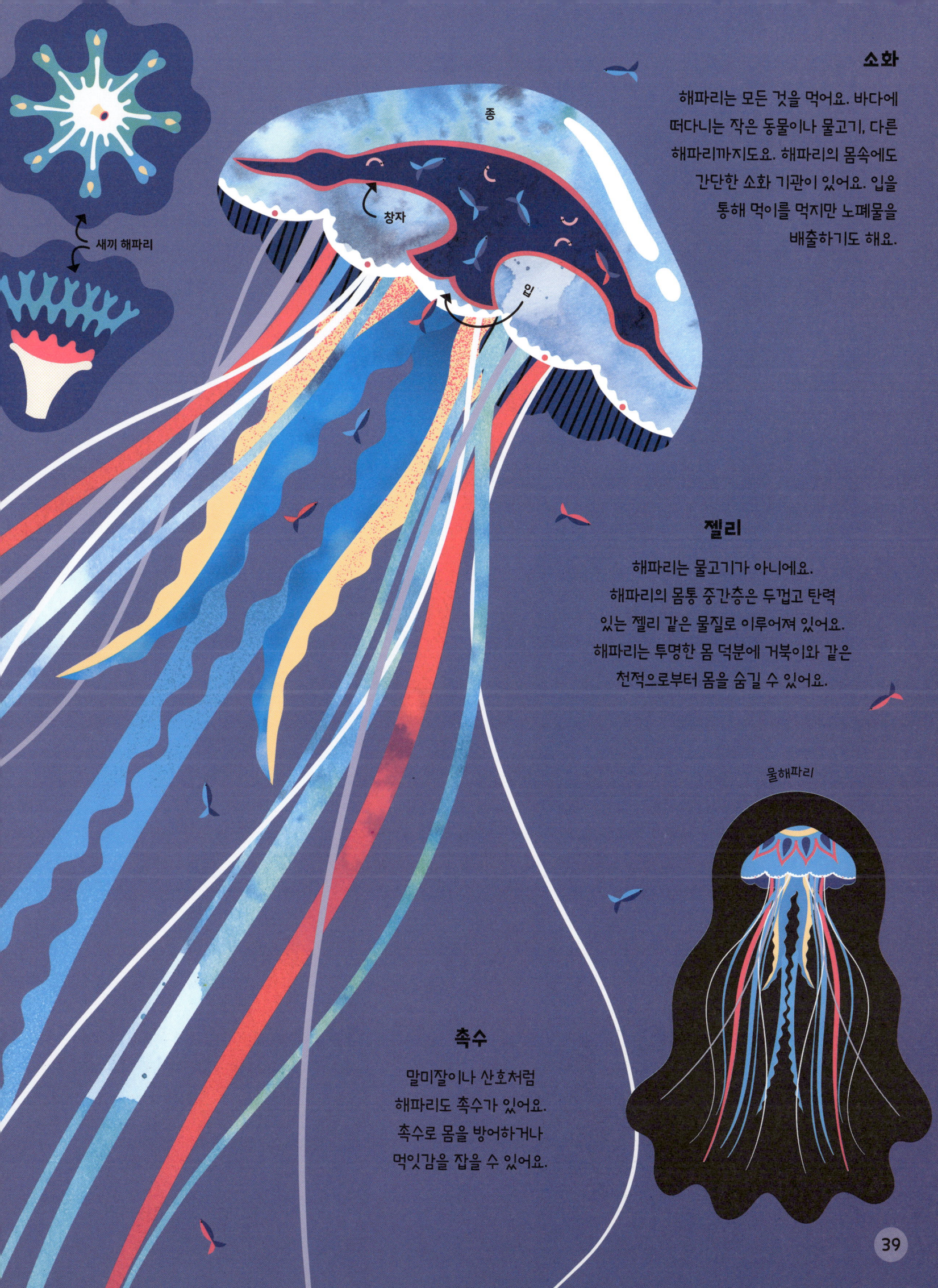

소화

해파리는 모든 것을 먹어요. 바다에 떠다니는 작은 동물이나 물고기, 다른 해파리까지도요. 해파리의 몸속에도 간단한 소화 기관이 있어요. 입을 통해 먹이를 먹지만 노폐물을 배출하기도 해요.

젤리

해파리는 물고기가 아니에요. 해파리의 몸통 중간층은 두껍고 탄력 있는 젤리 같은 물질로 이루어져 있어요. 해파리는 투명한 몸 덕분에 거북이와 같은 천적으로부터 몸을 숨길 수 있어요.

촉수

말미잘이나 산호처럼 해파리도 촉수가 있어요. 촉수로 몸을 방어하거나 먹잇감을 잡을 수 있어요.

새끼 해파리

종
창자
입

물해파리

코끼리의 몸속은 어떻게 생겼을까?

아프리카코끼리는 육지에 사는 가장 크고 무거운 동물이에요. 다 자란 수컷 아프리카코끼리의 무게는 성인 80명의 무게를 합한 것과 비슷해요. 아프리카코끼리는 동물 중 가장 큰 귀를 자랑해요. 귀를 이리저리 흔들어서 더위를 식힐 수 있어요.

커다란 뇌
코끼리는 기억력이 좋은 똑똑한 동물이에요. 코끼리의 뇌는 인간의 뇌보다 네 배나 더 커요.

거대한 창자
코끼리의 창자 무게는 거의 1톤에 가까워요. 코끼리는 100종이 넘는 다양한 식물을 먹어요. 하루에 16시간을 먹이를 찾거나 먹는 데 쓰지요.

위

심장
코끼리의 심장은 인간의 심장보다 다섯 배나 크고 무게는 어린아이와 비슷해요. 코끼리의 심장은 1분에 30회 정도 뛰는데, 인간의 심박수의 절반에 못 미치는 횟수예요.

아프리카코끼리

상아

두 개의 긴 앞니가 바로 코끼리의 상아예요. 상아는 1년에 17센티미터씩 평생 자라요. 상아는 먹이를 먹을 때 사용하지만, 무기로도 쓰여요.

코

코끼리의 코는 4만 개 이상의 근육으로 이루어져 있어요. 인간의 근육은 몸 전체를 합해도 650개밖에 없지요. 코끼리는 코로 숨을 쉬고 먹이를 먹고 물을 뿜고 소리를 내요.

커다란 발

발뒤꿈치 안에 있는 두꺼운 지방 패드는 코끼리가 발을 디딜 때 펼쳐져요. 엄청난 무게를 완충하는 쿠션 역할을 하지요. 다리의 두껍고 튼튼한 뼈는 마치 건물의 기둥처럼 코끼리의 몸을 지탱해요.

어금니

코끼리의 입안에는 네 개의 거대한 어금니가 있어요. 어금니 하나가 벽돌보다 더 무거워요. 어금니에는 날카로운 융기가 있어서 단단한 식물도 갈아서 먹을 수 있어요.

41

꿀벌의 몸속은 어떻게 생겼을까?

벌집에는 평균적으로 6만 마리의 꿀벌이 살아요. 여왕벌과 일벌, 수벌이 살지요. 일벌은 음식을 모으고, 새끼를 돌보고, 벌집을 지키고, 밀랍을 이용해 육각형 모양의 벌집을 만들어요. 일벌들은 새끼에게 먹이를 주기 위해 벌집에 꿀을 저장해요. 겨울이 되면 한데 모여 온도를 높여 추위를 막아요.

밀랍

일벌은 배 아랫부분에서 밀랍 조각을 만들어 내요. 입으로 밀랍 조각을 씹어서 부드럽게 만든 뒤 육각형 모양의 벌집을 만드는 데 사용해요.

벌침

꿀벌은 천적으로부터 벌집을 지킬 때 침을 쏴요. 배 끝부분에 있는 날카로운 벌침으로 독을 상대에게 주입해요. 꿀벌은 침을 한 번만 쏠 수 있어요. 침을 쏘고 나면 죽고 말아요.

꽃가루 통

꿀벌은 뒷다리에 자란 뻣뻣하고 구부러진 털을 이용해 꽃에서 모은 노란 꽃가루를 꽃가루 통에 모아요. 꿀벌은 꽃가루를 물과 섞어 '벌빵'을 만들어 새끼들에게 먹여요.

꿀벌

벌꿀

꿀벌은 꽃에서 얻은 꿀에서 수분을 줄이고, 입에서 나온 효소를 꿀에 섞어 꿀의 당분을 분해해요. 이렇게 완성된 꿀은 벌집 안에 보관했다가 필요할 때 사용해요.

눈

꿀벌은 6000개의 낱눈으로 구성된 겹눈 한 쌍과 머리 위에 작고 단순한 세 개의 눈을 지녔어요. 색깔을 구분할 수 있지요.

혀

꿀벌은 길쭉한 혀로 꽃에서 꿀을 빨아들여요. 배 속의 꿀주머니에 꿀을 저장한 뒤 벌집으로 운반해요.

날개

꿀벌은 두 쌍의 얇고 투명한 날개를 지녔어요. 날개 각각이 함께 연결되어서 하나의 큰 날개를 만들어요. 꿀벌은 날개를 1초에 230번이나 움직이기 때문에 꿀벌의 주위에서는 윙윙거리는 소리가 나요.

심장과 혈액

대부분 동물의 혈액은 좁은 혈관을 통해 흐르며 영양소와 가스를 운반해요. 심장의 펌프질로 인해 혈액이 몸속을 순환하지요. 동물에 따라 심장은 한 개이거나 여러 개예요. 곤충이나 조개류와 같은 동물의 혈액은 혈관을 따라 움직이지 않고, 몸속 빈 공간을 따라 천천히 흐르기도 해요.

심장은 무엇인가요?

어떤 동물의 심장은 혈관이 확장되어 두꺼운 근육질의 벽이 된 형태로 이뤄졌어요. 그리고 어떤 동물의 심장은 내부에 여러 개의 방이 있는 복잡한 구조로 이루어져 있어요.

두 개의 방

물고기의 심장 속에는 두 개의 방이 있어요. 한 개의 방은 몸으로부터 들어오는 혈액을 모으고 다른 방은 아가미로 혈액을 보내 산소를 얻도록 해요. 산소를 포함한 혈액은 몸을 돈 뒤에 심장으로 돌아가요.

네 개의 방

새나 포유류의 심장은 네 개의 방으로 이루어져 있어요. 심장은 폐에서 많은 양의 산소를 얻고 돌아온 혈액을 몸 구석구석 펌프질하며 산소를 전달해요. 그리고 심장으로 돌아온 혈액은 다시 폐로 가 새로운 산소를 얻어요. 이 과정을 반복해요.

❶ 심박수

뱀은 소화를 돕기 위해 심장을 평소의 두 배 크기까지 부풀려요. 심장은 더 많은 혈액을 펌프질해서 먹이로부터 더 많은 에너지를 얻을 수 있지요. 먹이를 소화한 뒤에 심장은 원래 크기로 줄어들어요.

❷ 심장의 개수

대부분의 동물은 인간처럼 심장이 한 개예요. 하지만 문어와 오징어는 최대 세 개의 심장을 가지고 있고, 먹장어는 네 개의 심장을 가지고 있어요. 신기하게도 지렁이의 배와 등을 이어주는 다섯 쌍의 굵은 혈관이 바로 심장이에요.

❸ 심장이 없는 동물

어떤 동물은 혈액을 펌프질해 주는 심장이 필요하지 않아요. 보통은 불가사리나 편형동물, 말미잘처럼 몸집이 작은 동물이에요. 이런 동물은 피부를 통해 영양소와 산소를 흡수해요.

❹ 곤충의 혈액

곤충의 몸속에서는 혈액이 좁은 혈관이 아닌 '체강'이라고 불리는 몸속의 넓은 공간에서 흘러요. 곤충의 심장은 곤충 옆 부분의 작은 구멍을 통해 혈액을 빨아들이고 앞쪽의 구멍을 통해 펌프질해요. 혈액이 몸을 돌 수 있도록 말이에요.

❺ 동맥과 정맥

척추동물의 심장은 혈관을 통해 몸 전체에 혈액을 보내요. 심장에서 혈액을 내보내는 혈관을 '동맥'이라고 하고, 심장으로 되돌아오는 혈관을 '정맥'이라고 해요.

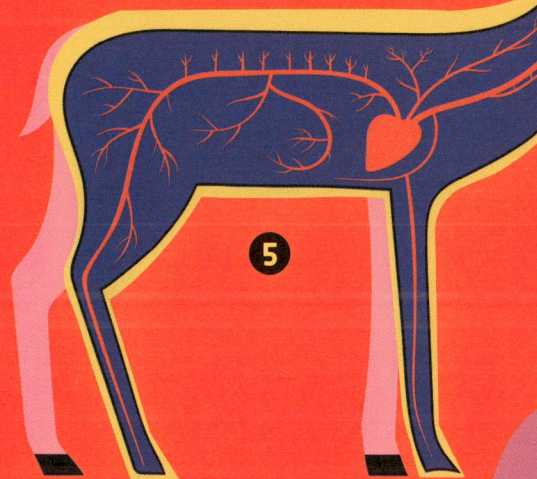

❻ 혈액 색깔

동물의 혈액은 빨간색, 파란색, 초록색, 노란색, 주황색, 보라색이거나 색이 없어요. 혈액에서 산소를 운반하는 색소에 따라 혈액의 색이 다르게 보여요. 음식물을 분해하며 발생하는 노폐물이나, 동물이 섭취한 화학 물질로 인해 색이 달라지는 경우도 있어요.

알고 있나요?

몸길이가 0.2밀리미터보다 짧은 **총채벌레**의 심장을 보기 위해선 현미경이 필요합니다.

제브라피시의 심장은 상처를 입어도 빠르게 회복해요.

인간의 심장은 주먹 정도의 크기예요. 하루에 10만 번 정도 박동을 해요.

바다거북의 몸속은 어떻게 생겼을까?

지구에는 일곱 종의 바다거북이 살아요. 암컷 바다거북은 알을 낳기 위해 육지로 올라와요. 세계에서 가장 큰 바다거북인 장수거북은 성인만큼 몸길이가 길어요. 바다거북은 납작한 유선형의 등딱지와 단단한 앞지느러미가 있어 시속 35킬로미터로 헤엄쳐요.

호흡

바다거북은 폐 호흡을 해요. 공기를 마시기 위해 수면 위로 올라오지요. 바다거북은 앞다리 사이의 근육으로 공기를 몸 안팎으로 이동시켜요. 물속에 한번 들어가면 4시간-7시간 동안 숨을 참을 수 있어요.

알

암컷 바다거북은 뒷다리로 땅을 파고 알을 낳아요. 알을 낳을 땐 자신이 태어난 바닷가로 돌아가요. 그리고 100개 가량의 알을 낳지요. 알은 보통 탁구공 크기이고 껍질은 부드러워요.

등딱지

대부분 바다거북은 등과 몸 아래에 딱딱한 껍질이 있어요. 등딱지의 표면은 방수가 되는 커다란 비늘로 덮여 있어요. 이 비늘은 손톱을 구성하는 물질인 케라틴으로 만들어졌어요.

개구리의 몸속은 어떻게 생겼을까?

지구에는 6000종 이상의 개구리가 살아요. 어떤 개구리는 손톱만큼 작고 어떤 개구리는 성인 주먹보다도 훨씬 크지요. 개구리는 몸에 다양한 무늬가 있어요. 천적으로부터 몸을 숨기거나 다른 동물에게 물러나도록 경고하는 역할을 해요. 투명한 몸을 가진 개구리도 있어요!

심장

송장개구리 같은 몇몇 개구리는 심장 박동을 멈출 수 있어요. 추운 겨울 동안 겨울잠을 자며 에너지를 아껴요.

눈알

개구리의 눈은 보는 역할만 하는 것이 아니에요. 음식을 삼키는 데에도 눈을 사용하지요. 개구리는 먹이를 통째로 삼켜요. 음식을 삼킬 땐 눈알을 머리 안쪽으로 움푹 집어넣어서 음식을 목구멍으로 밀어 넣어요.

고실막

개구리의 눈 뒤에 있는 원은 고실막이에요. 인간의 고막과 유사한 기관이지요. 고실막은 소리가 들리면 이리저리 움직여 개구리 머릿속의 내이로 진동을 전달해요.

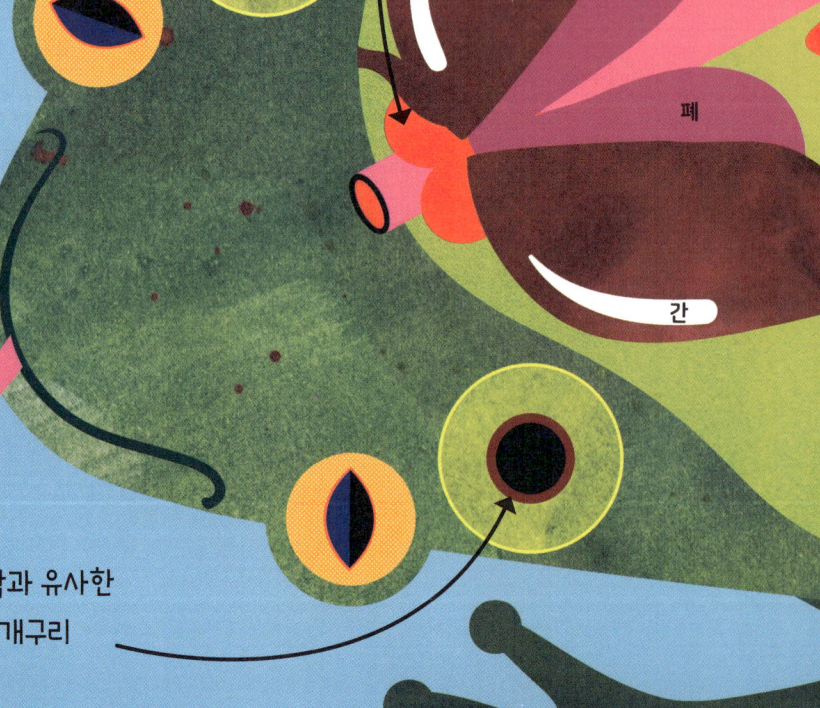

피부

개구리는 입으로 물을 마시지 않아요. 대신 다리와 배 부분의 피부를 통해 물을 흡수해요.

청개구리

점프 선수

관절이 많아 다리가 쉽게 구부려져서 높이 점프할 수 있어요! 개구리는 긴 다리를 몸 가까이 구부렸다가 펼치면서 강하게 점프해요.

콩팥

큰창자

긴 발가락

개구리의 발가락은 길고 물갈퀴가 있어서 수영하기 좋아요. 노처럼 생긴 발로 물을 밀어내고 앞으로 나가요.

폐(허파)

개구리가 소리를 듣거나 소리를 낼 때 귀뿐만 아니라 폐도 함께 진동해요. 폐의 진동 덕분에 불필요한 소음을 줄일 수 있어요. 개구리는 같은 종의 개구리가 울고 있는 곳을 정확하게 찾아낼 수 있어요.

기린의 목속은 어떻게 생겼을까?

기린은 가장 키가 큰 육상 동물이에요. 6미터까지 자랄 수 있어요. 기린은 기다란 목 덕분에 높은 가지에 달린 먹이를 먹고, 멀리 보이는 천적도 알아챌 수 있어요. 작은 수컷은 목을 이용해 싸우기도 해요.

기다란 목

목뼈가 길어서 목이 기다랗게 보이지만, 사실 기린의 목뼈 수는 다른 동물과 똑같이 7개 뿐이에요. 하나의 크기가 약 25센티미터나 되지요. 목뼈 사이사이에 관절이 있어 매우 부드럽게 움직일 수 있어요.

털이 많은 뿔

기린은 털로 덮인 뿔을 머리 위에 가지고 있어요. 태어날 땐 누워져 있다가 자라면서 10센티미터가 넘는 뭉뚝한 뿔이 되지요. 뿔은 기린의 체온 조절에 도움을 줘요. 암컷 기린은 차지하려는 수컷 기린들이 뿔을 이용해 싸우기도 해요.

긴 혀

기린은 자신의 코를 핥을 수 있을 만큼 길고 두꺼운 혀를 가지고 있어요. 기린의 혀는 길고 꺼끌꺼끌한 데다가 매우 잘 움직여요. "헤에엥" 하고 혀를 길게 내밀어 먹이를 먹는답니다. 혀 끝은 검은색인데, 이는 뾰족한 가시를 안전하게 피해 먹이를 먹을 수 있게 해줘요.

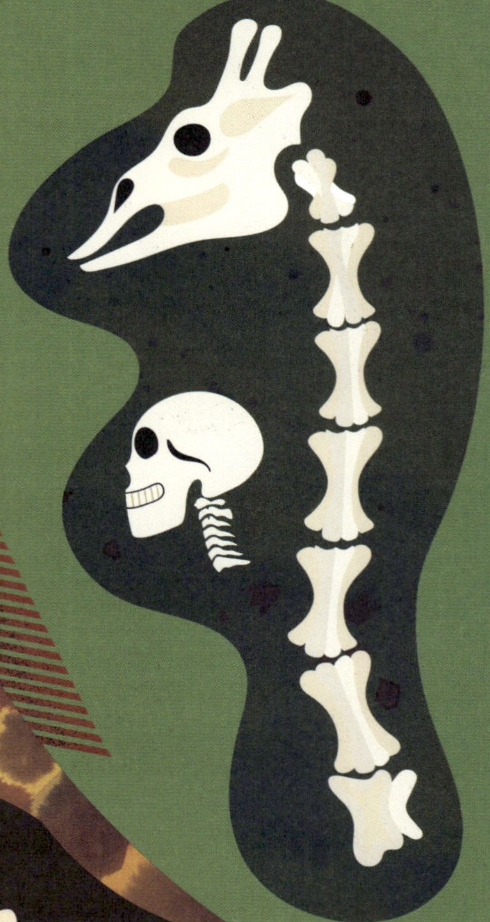

기관(기도)
식도

그물무늬기린

심장과 혈액

영양분을 뇌까지 제대로 보내 주려면 기린의 심장은 정말 커야 해요. 아래쪽에 있는 배와 복숭아뼈 쪽으로 심장에서 내려오는 혈액의 흐름에도 아주 강한 압력이 필요하지요. 기린은 심장이 몸무게의 비율로 보면 다른 동물에 비해 가장 커요.

네 개의 위

소처럼 기린이도 위가 네 개예요. 풍부한 식물을 주식으로 먹어요. 영양분이 많은 풀을 먹고 되새김질하면 위에서 소화가 잘 되도록 잘게 쪼개진답니다. 소화는 아주 덕분에 수 시간이 가능합니다.

그물 무늬

기린은 인간의 지문처럼 고유한 무늬를 가지고 있어요. 천적으로부터 자신을 보호하는 장치도 되지만 하나에 어두운 부분을 몸 밖으로 열을 내보내는 역할도 해요.

폐

음식을 천천히 소화시키려면 몸에서 8배에서 10배 정도 산소가 필요한데 그 산소를 폐에서 받아요.

놀라운 기관

동물의 몸은 세포라고 하는 서로 다른 작은 단위로 되어 있어요. 같은 종류의 세포 그룹을 조직이라고 불러요. 복잡한 동물의 조직은 한데 모여 다양한 기관을 만들어요. 뇌, 눈, 심장처럼 서로 다른 기관을요. 어떤 동물은 생존을 위해 특이하고 놀라운 기관을 가지고 있어요.

❶ 전기 기관

전기가오리는 앞지느러미 근처의 콩팥 모양 기관에서 전기를 만들고 저장해요. 전기가오리는 14볼트-220볼트의 전기 충격을 만들어서 먹잇감을 기절시켜요.

❷ 거대한 눈

대왕오징어는 가장 큰 눈을 지녔어요. 눈의 크기는 약 25센티미터로 축구공만큼 커요. 거대한 눈은 향유고래 같은 천적을 발견하는 데 도움이 되지요.

❸ 어둠 속에서 빛나요

많은 생물이 깊은 바닷속에서 빛을 내요. 화학 반응이나 특별한 세균을 이용해 빛을 만드는 발광 기관을 가지고 있기 때문이에요. 어둠 속에서 빛을 내면 먹잇감을 찾기 쉽고, 다른 동물에게 신호를 보낼 수 있어요. 자신을 방어하기에도 훌륭하답니다.

❹ 가장 큰 뇌

향유고래는 가장 크고 무시무시한 뇌를 가지고 있어요. 무게는 약 9킬로그램이나 나가요. 웬만한 고양이보다 더 무거워요.

❺ 노래하는 새

명금류는 기관이 폐로 이어지는 곳에 위치한 울대를 사용해 노래해요. 울대 내부의 얇은 막이 진동하며 소리를 내지요. 명금류는 이 기관을 제어하기 위해 특별한 근육을 사용해요.

❻ 크고 작은 심장

작은 동물일수록 얇은 혈관으로 혈액을 밀어내기 위해 심장이 더 빠르게 움직여요. 대왕고래의 심장 박동은 1분에 9회-10회이지만 손에 쥘 수 있을 만큼 작은 딱쥐는 1분에 1000회 이상 심장이 뛰어요.

❼ 공기 교환

돌고래는 공기 중에서 숨을 쉴 때 폐 속의 오래된 공기 80퍼센트를 신선한 공기로 바꿀 수 있어요. 덕분에 돌고래는 물속에서 7분이나 숨을 참을 수 있지요. 인간은 한 번 숨을 쉴 때 새 공기를 17퍼센트밖에 교환할 수 없어요.

❽ 해면동물

해면동물은 조직이나 기관이 없어요. 게다가 근육이나 신경계, 혈관계도 가지고 있지 않아요. 해면동물은 뼈가 없는 가장 원시적인 동물이라고도 해요.

❾ 길쭉한 뱀

길쭉한 뱀의 몸속에는 장기가 들어갈 공간이 별로 없어요. 그래서 간이나 콩팥, 위 같은 뱀의 장기는 길고 얇은 모양이에요. 산소 흡수를 위해서 모든 뱀들의 오른쪽 폐는 길쭉하게 늘어져 있지만 왼쪽 폐는 오른쪽 폐에 비해 작아요.

알고 있나요?

말똥가리는 4500미터 이상의 높이에서도 먹이를 볼 수 있어요. 말똥가리의 눈에는 빛에 반응하는 100만 개의 광수용체가 있어요.

점성어는 부레를 근육으로 진동하여 북소리와 비슷한 소리를 내요.

가리비는 껍질 가장자리에 100개의 눈이 있어요.

조용한 깃털

올빼미의 깃털은 비단처럼 부드러워요.
그래서 먹잇감을 향해 조용히 다가가지요.
일부 올빼미는 날개 끝이 빗처럼 생겨
날갯짓 소리가 작아요.

알갱이

올빼미는 먹잇감을 통째로 삼켜요. 하지만
뼈와 털 같은 일부 부분은 소화할 수 없어요.
그래서 소화하지 못한 음식을 한데 모아 커다란
알갱이로 만든 뒤 재채기로 뱉어 내요.

뼈

올빼미의 뼈는 강력하고 단단해요. 대부분 속은 비어
있고 십자형 버팀대가 있어서 하늘을 날 때 부러지지
않아요. 크고 평평한 앞가슴뼈는 강력한 비행 근육을
지지해 주지요. 올빼미의 뼈는 심장이나 폐처럼
몸속에 있는 기관도 보호해 줘요.

신기한 목
올빼미의 목뼈는 열네 개예요. 인간의 목뼈보다 두 배나 많지요. 덕분에 올빼미는 목을 완전히 돌려 뒤쪽도 바라볼 수 있어요.

원숭이올빼미

부리
올빼미는 사냥을 할 때 날카롭고 갈고리처럼 생긴 부리를 이용해요. 한입에 먹기 좋은 크기로 먹이를 찢기도 해요.

커다란 눈
올빼미의 눈은 크고 동그래요. 눈의 위치는 뼈로 고정되어 있어서 마음대로 움직일 수가 없어요. 정면을 향한 두 눈을 이용해 거리를 정확히 예측하고 입체적으로 바라볼 수 있어요.

강력한 발톱
올빼미는 먹잇감을 잡기 위해 날카로운 발톱을 사용해요. 두 개의 발톱은 앞을 향해 있고, 두 개의 발톱은 뒤를 향해 있어요. 먹잇감을 아주 단단하게 움켜쥐어요.

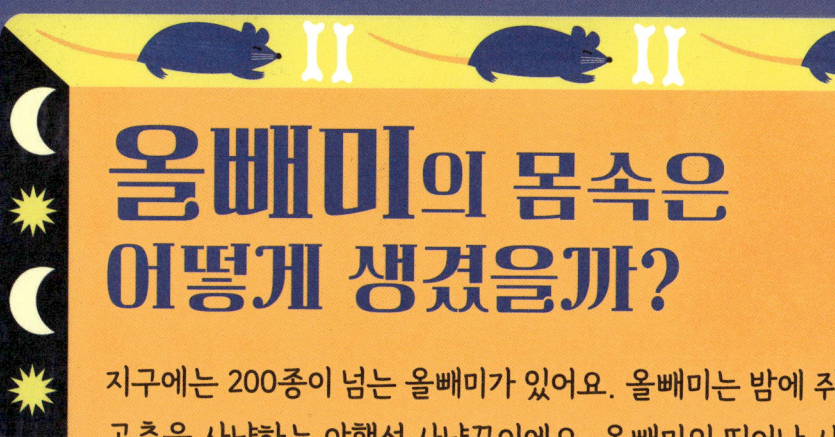

올빼미의 몸속은 어떻게 생겼을까?

지구에는 200종이 넘는 올빼미가 있어요. 올빼미는 밤에 쥐나 곤충을 사냥하는 야행성 사냥꾼이에요. 올빼미의 뛰어난 시력과 청력 덕분에 사냥하기 수월하지요. 원숭이올빼미는 얼굴이 접시 모양으로 생겨 소리를 잘 모아 들을 수 있어요.

거미의 몸속은 어떻게 생겼을까?

거미는 작고 섬세한 동물이에요. 실을 이용해 거미줄을 치고 송곳니에는 독이 있어요. 거미가 곤충이라고 생각할 수 있지만 사실은 곤충이 아니에요. 보통 곤충의 몸통은 머리, 가슴, 배 세 부분으로 나뉘고 다리는 세 쌍이에요. 하지만 거미는 몸통이 두 부분으로 나뉘고 다리는 네 쌍이지요. 거미의 여덟 개 다리에는 각각 여섯 개의 관절이 있어요. 이 때문에 무릎이 무려 48개나 된답니다.

여덟 개의 눈

거미는 시력이 좋지 않지만 큰 눈을 이용해 가까이서 사물을 볼 수 있어요. 반면 거미의 작은 눈은 멀리 있는 먹잇감의 움직임도 감지해요.

독선

위

무서운 송곳니

대부분 거미는 두 개의 날카로운 송곳니를 이용해 먹잇감에 독을 주입할 수 있어요. 독은 먹잇감을 마비시키거나 죽일 수 있지요. 거미는 먹이를 죽처럼 만들어서 위로 흡수해요.

책허파

대부분 거미는 한 쌍의 책허파로 호흡해요. 책허파 속 공간은 얇은 막이 책처럼 여러 겹으로 쌓여 있고 공기로 가득 차 있어요. 공기는 막의 얇은 벽을 통해 거미의 혈액으로 전달돼요.

혈액

거미의 혈액 속에는 구리 색소가 포함되어 있어요. 산소를 운반할 때 파란색으로 변해요.

심장

거미의 심장은 동맥이라고 하는 두 개의 관으로 혈액을 보내요. 혈액은 동맥의 한쪽 끝부터 시작해 몸 전체를 돌고 최종적으로 책허파를 지나 심장으로 돌아가요.

외골격

거미의 몸 외부는 단단한 외골격으로 둘러싸여 있어요. 이 외골격은 거미가 자랄 때 같이 커지지 않아요. 따라서 거미는 허물을 벗어 새로운 외골격이 딱딱해지기 전에 몸과 외골격을 늘려요.

거미줄

거미는 배에 있는 견사샘에서 실을 내뿜어요. 이 실은 같은 굵기의 철사보다 강해요. 이를 이용해 거미줄을 만들고 먹이나 알을 감싸 고정하기도 해요. 한 숟갈 정도의 실로 수백만 개의 거미줄을 만들 수 있어요.

수북한 털

거미는 민감한 털을 이용해 공기 중의 진동이나 냄새를 감지해요. 그리고 먹이나 위험을 알아차리지요. 털의 움직임은 거미의 뇌로 가는 신경 신호를 자극해요.

미국황금거미

전갈의 몸속은 어떻게 생겼을까?

전갈은 4억 년 전부터 지구에 살았어요. 공룡이 살던 때보다도 훨씬 전이지요. 전갈은 거미의 오랜 친척이기도 해요. 주로 밤에 독침으로 곤충 같은 먹잇감을 사냥해요. 전갈은 물만 있으면 1년 동안 아무것도 먹지 않아도 살아남을 수 있는 서바이벌 챔피언이에요.

등에 업힌 새끼 전갈

새끼 전갈의 몸은 부드럽고 흰색이에요. 어른 전갈처럼 찌르거나 먹이를 먹을 수 없어요. 새끼들은 태어나 2주~4주간 엄마 전갈의 등에 올라타 보살핌을 받아요. 그 이후에는 스스로 살기 위해 어미 전갈을 떠나요.

독침

전갈의 꼬리 끝에는 날카로운 단검처럼 생긴 바늘이 있어요. 이 바늘은 먹이를 사냥하거나 자신을 보호하기 위해서 독을 쏘아요!

심장

책허파

호흡

전갈은 숨문이라는 몸 바깥의 작은 구멍을 통해 책허파로 산소가 전달되도록 해요. 물고기의 아가미와 비슷하게 혈액이 책허파를 지나며 산소를 흡수해서 몸 구석구석 전달해요.

빛나는 몸

전갈은 우리 눈에 보이지 않는 밤하늘의 자외선을 흡수해 청록빛으로 몸 색깔을 바꿔요. 이 때문에 밤에도 빛이 나요. 과학자들은 왜 전갈이 밤에도 빛을 내는지 아직까지 정확히 알아내진 못했지만 아마도 자외선을 이용해서 먹이나 피난처를 찾기 위함이라고 추측할 뿐이에요.

다리와 집게발

전갈은 거미처럼 마디로 나뉘어진 여덟 개의 다리를 지녔어요. 머리에는 집게발이 달려 있어 먹잇감을 붙잡아 움직이지 못하게 고정해요. 그리고 독침을 쏘아 잡아먹어요.

허물벗기

전갈의 몸은 단단한 가죽처럼 방수가 되는 외골격으로 이루어져 있어요. 전갈은 몸집을 키우기 위해 이 갑옷을 부수고 나와요. 이때는 외골격이 부드러워 몸집을 키울 수 있어요.

용어 사전

간
척추가 있는 동물의 배 속에 있는 크고 복잡한 기관이에요. 간은 혈액 속 해로운 물질을 제거하고, 영양소를 가공하고 저장하며, 쓸개즙을 만들어 장이 지방을 흡수하는 것을 도와요.

공기주머니
공기로 차 있는 공간이에요.

기관
심장이나 위, 폐처럼 특별한 일을 하는 몸의 구조예요.

꽃가루
종자식물의 수술에서 만들어지는 작은 노란색 가루예요. 꽃가루는 수술에서 암술로 옮겨져야 씨앗이 자라날 수 있어요.

꿀
꿀벌이 꽃에서 빨아들여 벌집 속에 모아 두는 달콤하고 끈끈한 성분의 액체예요.

막
몸속 공간을 구분하는 얇고 유연한 층이에요.

먹잇감
짐승이나 물고기 따위의 먹이가 되는 것을 말해요.

모래주머니
새나 곤충의 소화관에 있는 근육질의 방이에요. 모래주머니는 음식을 분쇄하는 데 도움을 줘요.

배
소화 기관과 생식 기관을 포함하는 동물의 신체 부위예요.

보호색
동물이 주위 모습과 어우러지도록 몸의 색을 바꿔요.

부레
경골어류 내부에 공기로 가득 찬 주머니예요. 물고기는 부레에 공기를 넣거나 빼는 동작을 반복하며 물속에서 위아래로 움직일 수 있어요.

뼈
척추동물의 살 속에서 몸을 지탱하는 단단한 물질이에요.

색소
색을 만드는 데 사용되는 화학 물질이에요.

선(샘)
선은 몸에서 특수한 목적을 위해 필요한 화학 물질을 만드는 몸의 기관이에요.

성대
몇몇 동물의 목에 있는 피부 주름으로, 성대를 진동시켜서 소리를 내요.

세균
하나의 세포로 이루어진 미세한 생명체예요. 어떤 세균은 몸에 도움이 되지만 몸에 위험하고 병을 유발하는 세균도 있어요.

세포
모든 생명체를 이루는 가장 작은 단위예요.

소화
음식을 분해해서 몸에 흡수할 수 있도록 만드는 과정이에요.

신경
동물의 몸 각 부분 사이에 빠르게 전기 신호를 이용해 정보를 보내기 위한 섬유 다발이에요.

아가미
물고기 같은 동물이 물속에서 숨을 쉬기 위해 지녔어요.

앞가슴뼈(흉골)
동물의 가슴 가운데에 있는 얇고 평평한 뼈예요. 갈비뼈는 앞가슴뼈와 등뼈를 연결해요.

연골
단단하면서 탄력적인 물질이에요.

외골격
동물의 외부를 덮고 있는 껍데기나 단단한 골격이에요.

외투막
연체동물의 외벽을 구성하는 근육질의 구조로 내부 장기를 마치 망토처럼 둘러싸요.

유선형
부드러우며 뾰족하게 생겨 공기나 물속에서 동물이 쉽게 이동할 수 있도록 하는 몸의 구조예요.

유충
동물의 발달 단계에서 활동적이고, 날개가 없는 단계예요.

자외선
태양으로부터 오는 빛의 일부이지만 인간이 볼 수는 없는 빛이에요. 밤에는 달에 반사되어 자외선이 지구에 도달해요.

장
동물의 위를 지난 뒤 음식이 향하는 장소예요.

지방층
일부 동물은 피부와 근육 사이 지방으로 이뤄진 층이 있어요. 지방층은 몸의 열을 가두어 추운 곳에서도 몸을 따뜻하게 유지할 수 있게 해 줘요.

척추
동물의 머리뼈와 꼬리 사이에 있는 유연한 뼈나 연골의 사슬이에요. 몸을 지지하고 보호하며 움직일 수 있도록 해요.

천적
잡아먹는 동물을 잡아먹히는 동물에 상대하여 이르는 말을 뜻해요.

케라틴
동물의 몸 바깥층에 있는 단단한 단백질이에요. 발굽, 손톱, 발톱, 부리, 뿔, 털, 깃털은 모두 케라틴이 주성분으로 구성되어 있어요.

키틴
곤충이나 거미, 전갈의 외골격이나 게딱지의 주성분인 단단한 물질이에요.

파충류
척추뼈를 가지고 있고, 피부는 껍질이나 비늘로 이루어진 동물이에요. 뱀이나 거북이, 악어가 파충류에 속해요.

판막
액체나 기체 또는 다른 물질이 흐르는 것을 막거나 조절하는 장치예요. 혈관 속에도 판막이 있어요.

포유류
인간이나 소와 같이 털이나 머리카락을 가진 동물이에요. 포유류는 새끼에게 젖을 먹여요.

허물벗기
몸집을 키우기 위해 단단한 껍질, 외골격과 같은 동물의 딱딱한 껍질이나 허물을 벗어요.

호흡 기관
동물에게 필요한 산소를 얻고 이산화탄소를 내뿜기 위한 기관이에요. 인·후두, 폐, 아가미 등이 있어요.

효소
자기 자신은 변하지 않으면서 생명체 안에서 화학 반응을 빠르게 하는 물질이에요.

후엽
박쥐의 얼굴 앞쪽에 있는 잎 모양의 피부 덮개로, 박쥐가 내는 소리의 방향을 바꾸는 데 도움을 줘요.

찾아보기

ㄱ

가스 · · · · · 44
가슴뼈 · · · · · 13, 54
간 · · · · · 10, 53
갑각류 · · · · · 37
거미 · · · · · 21, 56-59
겨울잠 · · · · · 33, 48
겹눈 · · · · · 37, 43
골격 · · · · · 7, 20-21
공기주머니 · · · · · 18, 21, 27, 29
관절 · · · · · 13, 25, 49-51, 56
광수용체 · · · · · 53
구리 · · · · · 15, 57
귀 · · · · · 6, 32, 37, 40, 48-49
근육 · · · · · 6, 10, 12-13, 18, 21, 24-25, 29, 36-38, 41, 44, 46, 53-54
기름 · · · · · 10, 22, 26
기억 · · · · · 31, 40
깃털 · · · · · 19, 22, 26-27, 54
껍데기 · · · · · 21
껍질 · · · · · 19-21, 27, 46, 53
꼬리 · · · · · 6, 11, 17, 22, 26, 58
꿀 · · · · · 42-43

ㄴ

나선형 창자 · · · · · 10
날개 · · · · · 13, 19, 32-33, 43, 54
뇌 · · · · · 14, 25, 31, 34, 36-37, 40, 52-53
누두 · · · · · 15
눈 · · · · · 9, 18, 23, 31, 34, 37, 43, 47-48, 53, 55-56

ㄷ

다리 · · · · · 13, 15, 18, 25, 41-42, 46, 49, 56, 59

다이빙 · · · · · 29
독 · · · · · 7, 38, 42, 56-58
동맥 · · · · · 45, 57
등딱지 · · · · · 46

ㅁ

먹물주머니 · · · · · 15
메테인 · · · · · 17
모래주머니 · · · · · 18
모이주머니 · · · · · 23
목 · · · · · 9, 26, 50-51, 55
몸단장 · · · · · 25
미뢰 · · · · · 37

ㅂ

발가락 · · · · · 8, 17, 18, 26, 49, 47
발광 기관 · · · · · 53
발굽 · · · · · 17
발톱 · · · · · 18, 24, 33, 55
방수 · · · · · 22, 26, 46, 59
배 · · · · · 13, 22, 24, 29, 42-43, 45, 49, 56-57
벌집 · · · · · 37, 42-43
부레 · · · · · 53
부리 · · · · · 21, 26-27, 37, 55
비행 · · · · · 29, 33, 54
뿔 · · · · · 16, 50

ㅅ

산소 · · · · · 15, 18, 27-29, 31, 34, 38, 44-45, 53, 57, 58
색소 · · · · · 27, 45, 57
성대 · · · · · 25
세균 · · · · · 27, 53

세포	52
소화	6, 8-9, 10, 16, 19, 24, 32, 39, 45, 51, 54
손가락	24-25
손톱	24, 46
송곳니	7, 56
시력	18, 27, 31, 55, 56
신경	13, 36-37, 57
신경 다발	36
신경계	36-37
신경망	36, 38
심박	33, 40, 45
심장	14, 31, 35, 38, 40, 44-45, 48, 51-54, 57

ㅇ

아가미	14, 28-29, 44, 58
안점	38
알	19, 38, 46, 57
어금니	16, 25, 41
에너지	13, 27-29, 33, 38, 48
연골	11, 21
염선	23
옆줄	11
오리발	22
외골격	12, 21, 57, 59
외투막	14
우유	17
위	8-9, 14, 16, 30, 51, 53, 56
이빨	10, 16, 18, 21, 25, 30-31, 47

ㅈ

자외선	27, 58
재채기	23, 54
전기(전류)	13, 36-37, 53

점프	13, 49
정맥	45
조직	52-53
지능	14, 25
지문	24, 51
지방	8, 22, 33, 35, 41
집게발	59

ㅊ

창자	10, 24, 40
책허파	56, 58
척추	7, 13, 36, 45
천적	6, 14-15, 18, 21-22, 26, 39, 42, 48, 50-51, 53
청각	36-37
촉수	38-39

ㅋ

케라틴	46
콧구멍	7, 9, 23
키틴	20

ㅌ

턱	7, 11, 13, 16, 21, 25, 30-31, 47
털	19, 24-25, 37, 42, 50, 54, 57

ㅍ

파충류	30-31
팔	25, 36
폐	20, 27-29, 31, 34, 44, 46, 49, 51, 53
포유류	29, 33-34, 44
피부	6, 10, 14, 22, 28-30, 32, 35, 38, 45, 49

피트 기관 ·· 7

ㅎ

해면동물 ··· 53
허물 ··· 6, 57, 59
혀 ······················· 6, 16, 23, 26, 34, 37, 43, 50
혈관 ································· 33, 35, 44-45, 53
혈액 ·········· 14-15, 29, 31, 33, 35, 44-45, 51, 53, 56-58
호흡 ························· 18, 27-29, 33, 46, 56, 58
호흡관 ·· 29
효소 ·· 43
후두 덮개 ··· 31
후엽 ·· 32